ये भी गुज़र जाएगा

डॉ. रेखा द्विवेदी

Made with ♥ on the Notion Press Platform
www.notionpress.com

समर्पित

उस समय के नाम
जो सभी में समाया रहता है,
कभी हौले -हौले गुजरता है
कभी तेजी से भागता है
तो कभी ठहरा सा लगता है।।

क्रम-सूची

क्रम-सूची

क्रम-सूची

क्रम-सूची

क्रम-सूची

क्रम-सूची

पावती (स्वीकृति)

मुख पृष्ठ डिज़ाइन एवं सलाहकार- एना द्विवेदी
पुस्तक डिज़ाइन एवं संपादन - डा.रंजीता बसरा
पुस्तक टाइपसेटर एवं सह संपादन - कादम्बरी सिंह

प्रस्तावना एवं धन्यवाद ज्ञापन

प्रताप नारायण सिंह

मैं अगर एक वाक्य में कविता और शायरी के विषय में कुछ कहना चाहूँ तो ये मैंने नहीं लिखी है बल्कि इन्होंने मुझे लिखा है।

कुछ लोग लिख-लिख कर जीते हैं और कुछ जी-जी कर लिखते हैं। मैं शायद उनमें से हूँ जो लिख-लिख कर जीते हैं।

"ये भी गुज़र जाएगा" में जो भी कविताएं और शायरी हैं उनका मेरी पूर्व पुस्तक 'ये अजीब औरतें 'की तरह कोई एक विषय नहीं है,

इसमें "इश्क भी है और दुनियादारी भी है , खुद पे खुद की पहरेदारी भी है।"

इसकी यात्रा करते वक्त आपको हर कदम पर एक नया स्वाद और रहस्यमयता का आभास मिलेगा।चूंकि कविता स्वयं बोलती है अतः यदि मैं इसके विषय में ज्यादा बातें करूँ तो अनुचित होगा।

इस पुस्तक की बहुत सी कविताएं आस्ट्रेलिया में प्रवास के दौरान लिखी गई हैं,कविताएं लिखने के बाद , मेरी बेटी एना तिवारी, जो स्वयं फिल्में बनाती हैं, को अति व्यस्तता के बावजूद सुननी पड़ी हैं और उन पर उन्होंने अपने विचार भी प्रकट किए हैं जिससे मेरे पुराने पड़ते विचारों को एक नई ऊर्जा प्राप्त हुई है,छोटी सी चार वर्ष की खुशमिजाज समाया ने मुझमें कभी ऊर्जा का अभाव महसूस न होने दिया। बेहद शान्त आत्मा अभिषेक तिवारी ने हमें ढेर सारा स्पेस दिया तभी मेरे लिए लिखना सम्भव हो सका।

मेरी बेटी अंकिता द्विवेदी दूर रहकर भी मेरा उत्साह वर्धन करती रहती हैं । वह मेरी कविताएँ पढ़ कर उन अपनी टिप्पणी देती रहती हैं।

डा. मार्क साल्टर मेरे उस दिमाग का ख्याल रखते रहे जहाँ से कविताएं अवतरित होती हैं।

रंजीता बसरा जो स्वयं आर्टिस्ट हैं , ने हमेशा मेरे लेखन को सराहा ही नहीं है बल्कि उस पर कार्य भी किया है । उनके साथ और उत्साहवर्धन के बिना शायद मैं एक बार फिर लिखना शुरू ही न कर पाती।

मेरे पति डा.कमल कान्त द्विवेदी ने मुझे आर्थिक जिम्मेदारी से मुक्त रखा जिसकी वजह से मुझे वक्त मिल पाया और मुझमें सोचने और लिखने की क्षमता शेष रही।

हमारे रचयिता ग्रुप के सदस्य मीनाक्षी जैन,वेणू प्रिया कपूर,रोली सक्सेना,अजन्ता शर्मा,रघु गोदावर,प्रताप नारायण सिंह,शिखा सिरोही,मंजरी मिश्रा,गीता बाजपेई,अंजू शर्मा,कादम्बरी

ये सब मेरी कविताएँ सुनते और सुनाते रहते हैं और हमारा उत्साहवर्धन करते रहते हैं।

मेरी मित्र और मार्गदर्शक अल्का हेजीब अघेरा मेरी कविताओं पर हमेशा अपने विचार देती रहती हैं जिससे हमें लिखने की प्रेरणा मिलती रही है।

हमारे वर्षों पुराने मित्र और फिलासफर डा. आलोक टंडन, डा.पूनम चौधरी, डा. राजश्री, सुष्मिता गुप्ता, अमन, अल्पना गुप्ता, डा .जैपाल, आशा जैपाल ,अकेला भाई जी, डा.रामेश्वर प्रसाद अकेला, अर्चना उपाध्याय, वन्दना उपाध्याय, डॉ. प्रबोध शुक्ला एवं ममता दिववेदी की प्रतिक्रिया मुझे अपने लेखन को सुधारने में मदद करती है।

डा. डी.आर जलोटा , जो स्वंय भी कवि हैं, एवं डा.सोमेश जलोटा की हमारी कविताओं और कहानियों में रुचि एवं प्रतिक्रिया हमें सिर्फ गर्वोन्नति ही नहीं कराती बल्कि लिखने के लिए प्रोत्साहन भी देती है।

डा.रेखा राजवंशी जी ने हमें आस्ट्रेलिया के लेखकों और कवियों से जोड़ने का जो विशेष सम्मान दिया उसके लिए मैं आभारी हूँ।

डा.प्रभाकर दिववेदी एवं विभा दिववेदी जिन्होने साहित्य एवं दर्शन से मेरा परिचय करवाया।

डा.एस.के.अग्निहोत्री एवं स्वर्गीय श्याम सुन्दर जी जिन्होंने मुझे किताबें प्रकाशित करना सिखलाया,

डा. राजी सेठ, श्री विष्णु प्रभाकर जी,जैनेन्द्र जी के परिवार से मिलना भले कम हुआ हो पर उतनी देर में जो स्नेह व ज्ञान प्राप्त हुआ वह हमारे पास अमूल्य धरोहर है।

मेरा परिवार मायका और ससुराल जिसमें अब तीसरी पीढ़ी शामिल है वह हमसे सीखती कम हमें सिखाती ज्यादा है।इस सीखने और सिखाने के ऊपर उन सबका स्नेह और प्यार हमारे

जीवन को उर्जावान और आशावादी बनाता है।वह सब हमारे लेखन के हकदार भी हैं और कभी -कभार पात्र भी हैं।

हमारे मित्र गण और उनके परिवार जिनके विषय में मैं कहती हूँ "फ्रैन्ड्स आर द फैमिली यू चूज़" हमारे जीवन यात्रा के वह साथी हैं, जहाँ मैं जब चाहूँ थक जाने के बाद अपना सिर छुपा सकती हूँ और पुनः ऊर्जावान होकर जीवन रूपी यज्ञ में उतर सकती हूँ।

श्री लक्ष्मी कान्त दिववेदी जी जिन्होंने मेरी पहली पुस्तक 'जागती आँखों के सपने' छापी थी | उनका अभूतपूर्व योगदान इस राह की पहली सीढ़ी थी |

मेरे विद्यार्थी जिन्हें मैं सिखाती कम और सीखती ज्यादा रही हूँ।

मेरे स्वर्गीय पिता डा.शिव सेवक शुक्ल को मेरा विशेष धन्यवाद। यदि उन्होंने हमें स्कूल न भेजा होता तो मैं कभी भी शब्दों में अपनी भावनाएं व्यक्त न कर पाती,मेरे शिक्षकों को और विशेष तौर पर श्री भूप नारायण दीक्षित जी को धन्यवाद जिन्होंने मेरे गाँव में स्कूल खोला जिसमें पढ़ कर मुझे भाषा ज्ञान मिला और वह स्वंय हम सब के लिए प्रेरणा श्रोत बने।

ये मेरे जीवन का अभिन्न अंग हैं,

समय -समय पर मेरे घर पर काम करने वाली सहायिकाएँ एवं सहायक उनके बगैर शायद मैं कभी भी इतने पढ़-लिख न पाती। वह मेरे जीवन की नाव के खेवनहार हैं।

वह सब लेखक और लेखिकाएं जिन्हें पढ़ कर मैं बड़ी हुई हूँ मेरी जीवन यात्रा के साथी रहे हैं उनके बगैर ये कविताएं अजन्मी ही रहती।

कविता और कहानी से बड़ा वह किरदार होता है जो कहानी या कविता बनता है। इस पुस्तक के असल हकदार वही है।

मैं अपने मित्रों की तहेदिल से शुक्रगुज़ार हूँ जो मेरी कविताएँ पढ़ते हैं और उन पर अपनी प्रतिक्रिया भी देते हैं।

उन सब अजनबियों को भी धन्यवाद देना चाहूँगी जो गाहे-बगाहे अपनी दयालुता से किसी का दिल छू लेते हैं और किरदार बन जाते हैं ।

भूमिका

डॉ. रेखा द्विवेदी द्वारा रचित इस काव्य - संग्रह में संकलित कविताओं का मूल स्वर "अस्तित्व - पहचान" है और वह अस्तित्व है मानवता का, करुणा का, दया का, क्षमा का, नेह का, एवं उन समस्त अवयवों का जो मानव जीवन को विशिष्टता प्रदान करते हैं। कविताओं में एक तलाश स्पष्ट रूप से दिखाई देती है, जो कि संभवतः कवयित्री का अभीष्ट होगा। कवयित्री के ही शब्दों में -

मैं ज़िन्दगी में

ज़िन्दगी, यूँ तलाशती रही

जैसे कचरे के ढेर में

मोती तलाशता हो कोई

वे कहीं तंज के रूप में तो कहीं सीधे सपाट ढंग से मनुष्य और अमानुष के बीच के अंतर को रेखांकित करती हैं; कहीं समयांतर और वैश्वीकरण से उपजे परिवर्तनों में विगत के मूल्यों के अस्तित्व को तलाशती हैं।

संग्रह में संकलित कविताओं की अंतर्वस्तु विषय की वैविध्यता और अनुभूत की प्रामाणिकता लिए हुए है। यही कारण है कि कविताएँ पाठक को अपने निकट प्रतीत होती हैं। रचनाकार के अपने अनुभव से जो रचनाएँ अनुप्राणित होती हैं उनका एक ठोस आधार होता है और उनका सम्प्रेषण मन में उद्वेलन उत्पन्न करता है। समकालीन कविताओं में यह विशेषता व्यापक रूप से दृष्टिगत होती है। संग्रह की सभी कविताएँ समकालीन कविता के ढाँचे को अधिकाधिक रूप में धारण किए हुए हैं, जिसमें प्रमुख रूप से जनवादी दृष्टि, जीवन यथार्थ के अंतर्विरोधी पक्षों की अभिव्यक्ति, नारी मुक्तिवादी स्वर इत्यादि तीक्ष्णता से मुखरित

हुए हैं| समकालीन कविता की तरह ही इस संग्रह की कविताओं की अंतर्वस्तु भी अत्यंत व्यापक है|

इस संग्रह की कविताओं में कवयित्री ने समाज की चुनौतियों से उपजी बौद्धिक चिंताओं से सीधा संबंध बनाया है| उन्होंने अपनी काव्य-संवेदना को इतना धारदार, निर्भय और व्यापक बनाया कि उसमें मानव जीवन के अनेक स्तरों पर व्याप्त भ्रष्टाचार पर तीखी टिप्पणियाँ, व्यंग्य वक्रोक्तियाँ, खीझ, आक्रोश और क्रोध की मुद्राओं के साथ मानवीय सार्थकता के सभी सरोकार भी सक्रिय हैं| कवयित्री ने समय और समाज के गहरे यथार्थ को उजागर करने के लिए अपनी गहरी सामाजिक सांस्कृतिक जागरूकता का अहसास भी कराया है. उनकी काव्यभूमि की अर्थ-चेतना का विस्तार जीवन के व्यापक प्रश्नों को उठाने में निहित है|

संग्रह की कविताओं में बहुत विविधता है, फिर भी कुछ अत्यंत महत्वपूर्ण कविताओं को कुछ समूहों में बाँटा जा सकता है| उनमें एक प्रमुख वर्ग है "नारी अस्तित्व की तलाश" जो कि समकालीन कविता की धारा "नारीवाद" से सम्बद्ध दिखाई पड़ती है| इस वर्ग में बहुत सी कविताएँ हैं और उनके अनेक स्वरुप भी हैं| इन कविताओं में नारी के विविध रूपों को लेकर कवयित्री के मन में चल रहा अन्तर्द्वन्द्व स्पष्ट लक्षित होता है| वे किसी भी रूप में अतिवाद के विरुद्ध दिखाई देती हैं और यही कारण है कि उनके स्वर में परम्परा के नाम पर रूढ़िवादिता और आधुनिकता के नाम पर प्रस्फुटित हुयी स्वच्छंदता, दोनों का ही दंश अनुस्यूत है|

"आजादी" कविता में वे लिखती हैं -
अगर तुम्हारी अनुमति हो तो/ मैं एक दिन जी लूँ आजादी
का !!

आजादी का मतलब/ मेरे लिए किसी गैर मर्द को पाना/ या
खोना नहीं है
मेरे लिए आजादी का अर्थ है/ मैं उन सब ऋण से उऋण हो
सकूँ
जो मैंने कभी लिए ही नहीं/ बस वह हमें विरासत में ही
बख्स दिए गए

"लोग कहते हैं" कविता में आधुनिकता की होड़ में अविवेकपूर्ण
स्वच्छंदता पर तंज करते हुए कवयित्री कहती हैं -

तुम तो दिन को रात / और रात को दिन समझती हो
फिर भी लोग कहते हैं कि/ औरतों की स्थिति में सुधार नहीं
हुआ |

नारी के पारंपरिक स्तुत्य स्वरुप में उसके व्यक्ति के खो जाने
की विडम्बना को "खाली घोंसला" में वे बहुत ही मार्मिक ढंग से
उकेरती हैं -

हर छोटी -बड़ी चीज का हिसाब रखने वाली

अब अपना चश्मा यहाँ -वहाँ रखकर भूल जाती हैं

ये दवा खाना भूल जाती हैं

अपने बच्चों का जन्मदिन भूल जाती हैं

खाली घोंसले में

इन्हें बस अपनी ही छाया सी नज़र आती है

ये माँएँ बस यूँ ही बूढ़ी हो जाती हैं।

नारी मुक्तिवाद का बहुत ही प्रबल ढंग से समर्थन करती
एक कविता "प्रथा" है| जिसमें एक बहुत ही महत्वपूर्ण प्रश्न यह
उठाया गया है कि मात्र पुरुष ही पितृसत्तात्मकता के पोषक नहीं
रहे अपितु स्त्रियों का भी उसमें एक योगदान रहा| वास्तव में यह
स्त्री का व्यवहारिक अन्तर्द्वन्द्व है-

पितृसत्ता के मकड़जाल में फंसी

औरतों को दूसरी स्त्री पर अत्याचार करते देखा है

किन्तु इस कविता के अंत में प्रथा के पोषकों पर तंज करते हुए स्त्री की यात्रा को एक उचित गंतव्य तक कवयित्री ने पहुँचाया है -

उस मकड़जाल से निकल कर

औरतों को सफल होते भी देखा है

इस प्रथा पर कभी लोगों को शर्मसार होते न देखा है!!!

नारी मुक्तिवाद की एक अन्य बहुत ही सशक्त रचना है "तुमने मुझे खुद से दूर किया"| एक नारी की सहनशक्ति का ध्वंस ही उसकी मुक्ति मार्ग की प्रशस्ति होती है| स्थूल बंधन तो फिर भी अपेक्षाकृत आसानी से कट जाते हैं किन्तु सूक्ष्म बंधन कटने में समय लगता है| उसका पहले शिथिल होना आवश्यक होता है| फिर धीरे धीरे टूट जाता है -

जब-जब तुम बात-बेबात चीखे और चिल्लाए

अपने झूठ बार-बार दोहराए

मैं सुनती- सहती रही,

तुम्हें अपनी नज़रों से गिराती रही ।

संग्रह की कविताओं की एक श्रेणी जनवादी है जिसमें "संवेदना के अस्तित्व" को तलाशा गया है| इस श्रेणी में एक बहुत ही सशक्त कविता "जानवरों का देश" है| जिसमें एक बदलते शासक वर्ग की अपरिवर्तनीय प्रवृत्तियों को विषयवस्तु बनाया गया है| पूरी कविता प्रतीकों के माध्यम से बुनी गयी है|

फिर अपनी ही जाति का एक

सफेद रंग का नेता बनाया

वह नेता मंच पर आया बोला

सफेद भेड़ें काली भेड़ों से खास और बुद्धिमान हैं

उसने उन्हीं में से चुनकर

भूमिका

अपने भाई-बन्धुओं को लेकर मन्त्री मंडल बनाया
शेष सब पर
घास चरने पर कर लगाया।

जनवादी कविताएँ सीधे आम आदमी से अपना सम्बंध जोड़ती हैं और उनके दैनिक दुःख दर्द को प्रकट करती हैं। कोरोनाकाल की पृष्ठभूमि पर लिखी हुयी एक कविता "श्राप मत देना" इस वर्ग की कविता का एक सशक्त उदाहरण है। अपने बंद हो चुके कार्यस्थलों को छोड़कर भूखे प्यासे, भयाक्रांत, चिलचिलाती धूप में नंगे पाँव सैकड़ों मील की यात्रा करने को विवश हुए संसाधनहीन लोगों की पीड़ा को बहुत ही मार्मिक और हृदयस्पर्शी ढंग से व्यक्त किया गया है। साथ उन सबकी ओर से जो चाहते हुए भी उनकी कोई सहायता न कर सके क्षमा प्रार्थना भी की है -

पर कुछ कर नहीं सकती
सिवाय कलम उठाने के
प्रार्थना करती हूँ
तुम्हारी यात्रा शुभ हो
मैं जानती हूँ तुम्हारे शरीर के घाव देर-सवेरे भर जाएंगे
मन के घाव तो पीढ़ी दर पीढ़ी
कथा बनकर उभरेंगे
क्या तुम माफ कर पाओगे?
धरती पुत्रों श्राप मत देना।

उस पृष्ठभूमि पर एक छोटे आकार की बहुत ही अच्छी कविता " बेहाल (कोरोनाकाल)" है। इसमें जो उस विभीषिका से तब तक बचे रहे उनका डर मुखरित हुआ है -

मालूम है कि सब बेहाल हैं
अब तो किसी का हाल
पूछने में भी डर लगता है

भूमिका

अपना चेहरा भी आइने में
देखती हूँ
तो तस्वीर में बदलने लगता है

संग्रह की पहली कविता "यात्राएँ" में जीवन यथार्थ के अंतर्विरोधी पक्ष उजागर हुए हैं| यथार्थ की छटपटाहट से समकालीन कविता भरी हुयी है और यही उसका मूल स्वर भी है- किन्तु कभी-कभी हम एक बिस्तर पर लेटे हुए

साथी को हाथ बढ़ाकर छू नहीं पाते

जीवन यथार्थ के अंतर्विरोधी पक्ष की प्रतिनिधि कविता पेंटिंग है| जो अपने अन्तर्निहित सन्देश को बहुत ही गुरुता और गहनता से प्रकट करती है| इसमें अंतद्र्वंद्व और अंतर्विरोधों का शिखर दिखाई देता है-

मैं धीरे- धीरे इंसान से घर की दीवार पर लगी
पेंटिंग में बदलती गयी

उस पर धीरे-धीरे धूल जमती गयी

मैंने आवाजें लगाने की भरसक कोशिशें की
पर आवाजें हवा में खोती गयीं
या फिर मेरे आसपास लोग ही बहरे होते गये
इस श्रेणी की एक और बहुत ही धारदार कविता है "आदमी"

-

एक आदमी में आदमी को छोड़कर
सब कुछ नज़र आता है
शांति की बातें करता आदमी
गाँव छोड़कर शहर को ओर भागता आदमी
जिंदा को मारकर मरों को जिलाने की कोशिश करता आदमी

इस तरह की और भी बहुत सी कविताएँ हैं जो कि पाठक के मानस पर प्रभाव डालती हैं| इनके अतिरिक्त कई कविताएँ तटस्थता और उन्मुक्तता लिए हुए हैं|

कवयित्री डॉ. रेखा दि्ववेदी की कविताओं में वाग्मिता से लेकर वैचारिक खुलेपन का समावेश है| वर्णन-विस्तार और विवरण-विस्तार से कविता की काव्यात्मकता कम हो जाती है| किंतु संघर्ष की ईमानदारी, यथार्थ की निरंतर स्थिति, नाटकीयता और फन्तासी का अंतःसंश्लिष्ट विधान इनकी कविताओं को खास बनाते हैं| इनमें अनिश्चय, उग्र प्रतिरोध, यातना, वैचारिक कशमकश और भिन्नता, व्यक्ति का नगण्यता- बोध और निर्वैयक्तिक तटस्थता सक्रिय हैं|

ये कविताएँ जीवन - जगत की जटिलताओं और यंत्रणाओं पर लिखी गयी हैं| यही कारण है कि जीवन - जगत के कठोर यथार्थ का दबाव भाषा को बदल देता है| जीवन संघर्ष से उत्पन्न काव्य-भाषा की सर्जनात्मकता में जीवन- संघर्ष भरा गद्य भरभराकर फूटता है| यह काव्य भाषा समाज और मानव के उस रिश्ते को चित्रित करती है जिसमें भाषा सिर्फ सत्य को नहीं बताती, बल्कि उस छद्म और पाखंड को भी उघारती है जो अमानवीय परिस्थितियों ने उत्पन्न किया है|

मैं डॉ. रेखा दि्ववेदी जी को इस संग्रह के लिए ढेरों शुभकामनाएँ प्रेषित करता हूँ|

---प्रताप नारायण सिंह

आमुख

ये भी गुज़र जाएगा
दर्द ही तो है
एक दिन चला जाएगा
इश्क की तरह
ये भी गुजर जाएगा
बहुत से परवाने आए और चले गए
शमा का क्या है ?
एक दिन तेल चुक जाएगा
आज फिर दर्द ने दस्तक दी है
मेरे दरवाजे पर
एक दिन यह भी थक कर
वक्त के साथ चला जाएगा
दिल का क्या ?
दिल ही तो है
एक दिन यह भी बहल जाएगा
याद रह जाएगी
तो रह जाएगी
एक दिन उसे भी
देख लिया जाएगा
दर्द ही तो है
एक दिन चला जाएगा
इश्क की तरह
ये भी गुजर जाएगा
वक्त ही तो है

आज तक नहीं ठहरा
तो अब क्या ठहर जाएगा ?

1. आहट

मैं दबे पांव चलती हूँ
हर समय लगता है
न जाने कब कौन सा दर्द
मेरे कदमों की आहट पहचान ले
और दरवाजा खोल दे
और मुस्कुराकर मेरा स्वागत करे
कहे " आओ बैठो , मुझसे डरो मत
तुम्हारा दुश्मन नहीं, मित्र हूँ मैं "
मैं भौचक्की खड़ी रहती हूँ
वह कहता रहता है
" गर मैं ना होता तो तुम
जिन्हें खुशियाँ कहती हो
उन्हें पहचान भी न पाती "
मैं ही खुशियों से तुम्हारा परिचय कराता हूँ
कभी कभार जिसे तुम दुख कहती हो,
कुछ अर्से बाद वह तुम्हारा सुख हो जाता है
सोच कर देखो क्या यह सच नहीं है ?
मैंने सोचा और आगे बढ़कर उसे गले लगा लिया
उसकी आवभगत को स्वीकार कर लिया |

2. शहर

गाँव के लोग छोटे शहर
छोटे शहर के बड़े शहर
बड़े शहर के लोग विदेश भाग रहे हैं
ये विदेश वाले कहाँ भागेंगे ?
शायद चन्द्रमा पर
पुरखों के घर, आँगन
बरोठा ,बरामदा,चौपाल
जिनके लिए लोग आपस में
लड़ते-झगड़ते रहते थे
अपना-अपना हिस्सा पाने को
बेचैन रहते थे
अब कहीं एक कोठरी या फ्लैट के नाम पर दड़बों में रहते हैं
अब इक्का-दुक्का बुजुर्ग और घर
दोनों ही खंडहर बने बैठे हैं, इस आस में
कि कभी कोई लौट कर आएगा पास में
कुछ घाघ लोग इस इंतज़ार में हैं
कि कब बुजुर्ग जाएं
तो हम इस घर पर अपना हक जमाएं
वहीं दलाल गिद्ध की तरह घात लगाए बैठे हैं
कब सब इन्हें जल्दबाजी में बेचना पड़े
तो फिर हम अपना उल्लू सीधा करें ।

3. आजादी

अगर तुम्हारी अनुमति हो तो
मैं एक दिन जी लूँ आजादी का !!
आजादी का मतलब
मेरे लिए किसी गैर मर्द को पाना
या खोना नहीं है
मेरे लिए आजादी का अर्थ है
मै उन सब ऋणों से उऋण हो सकूँ
जो मैंने कभी लिए ही नहीं
बस वह हमें विरासत में सौंप दिए गए
जैसे जीवित रहने देने का कर्ज
मुझे स्कूल भेजे जाने का कर्ज
मुझसे प्रेम किए जाने का कर्ज
मुझसे ब्याहने का कर्ज
दहेज न लिए जाने का कर्ज
न जाने कितनी बार मेरा उद्धार किया गया
एहसानों तले लाद दिया गया
उन एहसानों को चुकाते-चुकाते मैं
न जाने कितनी बार मर चुकी हूँ
अपनी ही निगाहों में गिर चुकी हूँ
मैं बस मुक्त होना चाहती हूँ
खुली हवा में सांस लेना चाहती हूँ
बस एक दिन भले वह मेरे जीवन का आखिरी दिन हो ।

4. मैं तो एक बूँद हूँ

अब मुझे इश्क के लिए
कोई सूरत नज़र नहीं आती
मैं तो एक बूंद हूँ
मुझे एक नदी नज़र नहीं आती
मुझे सागर से मिलना था
पर उसकी कोई सूरत नज़र नहीं आती |

5. सब कुछ था

मैं ज़िन्दगी में
ज़िन्दगी से दूर हो गया
सब कुछ था मेरे पास पर
एक जुनूँ खो गया
हर इक ने मुझे चाहा
हर इक ने सराहा
पर इन ज़िन्दगी के रास्तों में
मैं ख़ुद ही खो गया
किस-किस का धन्यवाद करूँ ?
किस-किस का शुक्रिया ?
रहगुज़र तो बहुत मिले
पर न कोई अपना हुआ
न कोई बेगाना रह गया
यहाँ किस से कहूँ मेरे साथ चल
जब मैं ख़ुद ही ख़ुदी से दूर हो गया।

6. ठहरी हुई औरतें

ये जो सुबह उठकर
दुनियाँ के किसी भी कोने में
घर चलाती हैं
दरअसल यही देश दुनिया चलाती हैं
इन्हें कोई फर्क नहीं पड़ता
कि यूक्रेन और रूस में युद्ध चल रहा है
पाकिस्तान की आर्थिक स्थिति को घुन लग रहा है
हिन्दुस्तान में शेयर मार्केट नीचे गिर रहा है
अफगानिस्तान अशांत चल रहा है
इन्हें फिक्र होती है !!
आज खाने में क्या पकाना है ?
दाल में हींग या जीरे का छौंका लगाना है
आज कौन सा त्योहार या व्रत उपवास है ?
ओह!!! बेटे का कल इम्तहान है
इनका निशाना मछली की आँख पर होता है
न पेड़ पर,न पत्तों पर, न जड़ों पर
इन्हें अपने कभी न खुश होने वाले पति को
खुश रखना होता है
सास की आँख का आपरेशन कराना होता है
ससुर के लिए दलिया पकाना होता है
अपने बिगड़ते बच्चों को डाक्टर, इन्जीनियर बनाना होता है
टी.वी.सीरियल देखना होता है
जरूरत हो या ना हो कुछ स्वेटर बुनना होता है

डॉ. रेखा द्विवेदी

दरअसल ये जो औरतें
ठहरी सी दिखाई देती हैं
ये ही देश दुनिया को गति देती हैं
खुद रुक जाती हैं औरों को रास्ता देती हैं।

7. जन्मजात माएँ

चार साल की समाया की
बड़ी सी गृहस्थी है
वह बड़े जतन से
अपने खिलौने सजाती-संवारती है
उन्हें खाना खिलाती है
टूथ ब्रश ले उनके दाँत ही नहीं
पूरा शरीर साफ करती है
प्राम में बैठाकर घुमाती है
उन्हें लोरी गाकर सुलाती है
और डाक्टर बन उनका इलाज भी करती है
उन्हें माँ की तरह सहेजती है
वह अपने खिलौनों में जान डाल देती है
यदि वह अपना खिलौना किसी को दे दे
वह उसे भी नहीं भूलती है
उसका हाल-चाल लेती रहती है
और उसे ऑनलाइन देख भी लेती है
वह उनका बर्थडे मनाती है
उसके लिए खिलौने और टी.वी.के चरित्र जीवंत हैं
उसका उनसे अटूट प्रेम है
वह दिल की साफ है
झूठ नहीं बोलती
जो दिल मे होता है
साफ बोलती है

डॉ. रेखा द्विवेदी

वह एक हिन्दुस्तानी बच्ची
जर्मन,हिन्दी, इंग्लिश बोल -समझ लेती है
जापानी और खासी भाषा के भी
दो-चार शब्द इस्तेमाल कर लेती है
अपने मनपसंद कार्टूनों की
अद्भुत चित्रकारी करती रहती है
कुछ अंग्रेजी संगीत गुनगुनाती रहती है
उसकी छोटी सी दुनिया बहुत बड़ी है
हम बड़े लोग इन्सानों को खिलौना समझ लेते हैं
और उन्हें इस्तेमाल कर फेंक देते हैं
वह खिलौनों और टी.वी.के कार्टून्स को
जीवन्त कर देती है
उनकी परवाह में लगी रहती है
ये बच्चियाँ दुनिया की सबसे अद्भुत खूबसूरत उपहार हैं
ये आत्माएँ जन्मजात माएँ हैं
हम इन्हें क्या सिखाएंगें ?
हमें इनसे सीखने की ज़रूरत है।

8. यात्राएँ

बस पलक झपकते ही हम
कई सदियों की दूरियाँ तय कर लेते हैं
ताजमहल से आगरा शहर
पुरानी दिल्ली से नयी दिल्ली तक
इसी तरह पुराने साल से नए साल तक का फासला
बस एक पल में कर लेते हैं
किन्तु कभी-कभी हम एक बिस्तर पर लेटे हुए
साथी को हाथ बढ़ाकर छू नहीं पाते
किसी दुखी इंसान को आगे बढ़कर
गले नहीं लगा पाते
किसी रोते बच्चे को हँसा नहीं पाते
चलो !!!!!
इस बरस दूरियाँ कुछ कम कर लें
दिलों का गम कुछ दूर करें
चलो मोहब्बतें कर लें |

9. अफसाने

ये तराने, ये अफसाने
ये तोहफे, ये देर से आने के बहाने
ये मुस्कुराना, ये रूठना, ये मनाना
ये झूठे वादे, ये सपने दिखाना
ये जाम, ये मयखाने
ये इत्र, ये गुलदस्ते
ये तेरी खामोशियाँ , ये रुसवाइयाँ
इन्हें बचा के रख
ये हैं किसी नए इश्क़ के तेरे अंदाज़ पुराने
इन्हें आजमाने के तेरे पास हैं और भी फ़साने ।

10. इंसान

एक इंसान में इंसानियत को छोड़कर
सब कुछ नज़र आता है
शांति की बातें करता इंसान
गाँव छोड़कर शहर की ओर भागता इंसान
जिंदों को मारकर मरों को जिलाने की कोशिश करता इंसान
पेड़ों को काटकर छाँव खोजता इंसान
पशुओं को खाकर करूणा की बातें करता इंसान
धोखे देकर वफ़ा की बातें करता इंसान
इंसान में इंसानियत छोड़कर सब कुछ नज़र आता है |

11. स्त्री

एक स्त्री में स्त्रीपन छोड़कर शेष सब दिखता है
स्त्री से मादा बनने की प्रक्रिया
उसके पीछे छिपा पुरुष का अथक परिश्रम और संघर्ष
उसमें दिखता है मौन
जिसके पीछे छिपी हैं अनंत अतृप्त इच्छाएं
जिन्हें दबाने को समाज ने बुना
ताना- बाना, ध्वनि-निरोधी दीवारें
परिवार के लिए हड्डी तोड़ परिश्रम
पैसे- पैसे की मोहताजी
उसमें दिखती हैं अद्भुत संभावनाएं
जो वह है नहीं , पर होना चाहती है
उसमें दिखती है सागरमाथा सी ऊँचाई
उसमें दिखती है घने जंगलों की सी सैर
चाँद सी शीतलता और सागर सी गहराई |

12. झूठ

तुमने मुझे खुद से दूर किया
जब-जब तुम बात-बेबात चीखे और चिल्लाए
अपने झूठ बार-बार दोहराए
मैं तुम्हारे झूठ समझते- बूझते सुनती और सहती रही
ताकि तुम गिर ना जाओ
मुझे क्या पता था ?
वह झूठ पत्थर नहीं बीज थे
मेरी सहनशक्ति के,
जो वक़्त की खाद पाकर,
धूप से सहने की ताकत पाकर
बढ़ते रहे वक़्त के साथ- साथ
बन गये एक नाजुक पौधे से दरख्त
उनमें कुछ सुंदर फूल आये
तो कुछ
जहरीले फल भी आये !!
उन्हें खा-खा कर
रोज अपनी ही मौत मरते गये
तुम खुद ही खुद से भी दूर होते गये
जब-जब तुम बात-बेबात चीखे और चिल्लाए
अपने झूठ बार-बार दोहराए
मैं सुनती- सहती रही,
तुम्हें अपनी नज़रों से गिराती रही |

13. प्यार

इस सदी का सबसे ज्यादा प्रयोग

होने वाला शब्द है प्रेम, प्यार, मोहब्बत, लव

न जाने हजारों,लाखों वर्षों से

मानवों ने इस शब्द के बगैर

या फिर गाहे-बगाहे इस्तेमाल कर जिया है

राजा-रानी , कृष्ण-राधा की लीला से ही

जनता अपना काम चला लेती थी

हौले-हौले, धीरे-धीरे यह शब्द

वोट के अधिकार की तरह सबका बन गया

और देश के विकास में लग गया

अब हर गली -कूचे में हर मोहल्ले में प्रेम की गाथाएँ हैं

घर में दाल रोटी हो न हो

पर हाथ में फोन और अनगिनत प्रेमी- प्रेमिकाएँ हैं

कभी कभार तो आई लव यू कहने वालों को

"आई "की वर्तनी भी पता नहीं होती

लव का अर्थ पता हो !!!

यह तो बहुत दूर की बात लगती है

प्रेम पर प्रेम किए जाओ

देश की जनसंख्या बढ़ाए जाओ

सरकार तो है ही बेरोजगारी और भुखमरी के लिए

उसे कोसते रहो

खुद बच्चे पर बच्चे पैदा किए जाओ

हर बच्चा कुछ हो न हो एक वोट तो है ही ।

14. लिखना

अब जो लिखते हैं, वही सुनते हैं
जो सुनते हैं , वही सुनाते हैं
जो सुनाते हैं, वही समझते हैं
अब दूरियाँ कुछ कम हो गई है
लिखने-पढ़ने,सुनने-सुनाने, समझने- समझाने
वालों को एक कर गई है
कभी-कभार गिव एन्ड टेक भी होता है
तुम मेरी सुनो, मैं तुम्हारी सुनता हूँ
पुरस्कारों की भी अदला-बदली और राजनीति है
वह खरीदे और बेचे जाते हैं
पर कहीं न कहीं नाउम्मीदों को
उम्मीद भी दिलाते हैं
नाउम्मीदी में उम्मीद बनाए रखना
धीरज बंधाए रखना जब तक जारी है
आशा की एक किरण भी काफी है |

15. श्राप मत देना

आज जब तुम पहुंचोगे
उस गाँव की सीमा पर
जहां के लिए तुमने
भूखे ,प्यासे,नंगे पांव
चिलचिलाती धूप में सर पर गठरी लिए
दिन रात चलकर
सैकड़ों मील की अनथक यात्रा पूरी की है
क्या वहां सचमुच कोई बाहें पसारे खड़ा है ?
तुम्हारी प्रतीक्षा में
इतनी लम्बी थकान के बाद
चौदह दिन का क्वारन्टाइन
वह चौदह वर्ष के वनवास समान होंगे
मैं असहाय, निरुपाय भीरू
सब महसूस करती हूँ
पर कुछ कर नहीं सकती
सिवाय कलम उठाने के
प्रार्थना करती हूँ
तुम्हारी यात्रा शुभ हो
मैं जानती हूँ तुम्हारे शरीर के घाव देर-सवेरे भर जाएंगे
मन के घाव तो पीढ़ी दर पीढ़ी
कथा बनकर उभरेंगे
क्या तुम माफ कर पाओगे?
हे धरती पुत्रों श्राप मत देना!

16. भोजन

मनुष्य की पहली आवश्यकता
न जाने कब और कैसे धर्म बन गयी ?
कब और कैसे गाय खाना अधर्म
बकरी खाना धर्म बन गया
खाना न जाने कैसे हिन्दू, मुसलमान और ईसाई बन गया
'खाने' को उसका धर्म पता है क्या?
जिसे चाहो प्रसाद बना दो
जिसे चाहो अखाद्य घोषित कर दो
उसे कौन वोट देगा, कौन नहीं
उसे कौन सा चुनाव लड़ना है
वैसे तो नमक, रोटी सब खाते हैं
हम चाहें तो रोटी, नमक पर भी चर्चा कर सकते हैं
मुर्गी का धर्म है अंडे देना
मुर्गे का धर्म सुबह-सुबह बॉग देना
उस पर तुम जागो या न जागो
यह तुम्हारा धर्म है |

17. अब बहुत हुआ

अब बहुत हुआ
यह साज- ओ - श्रृंगार
लटकना, झटकना, भटकना, भटकाना
अब मेहनत से अपनी रोटी कमाएंगे हम
बहुत हुआ यह रूठना , मनाना
ये नाज़-ओ - नखरे दिखाना
रोना- धोना और आँसू बहाना
अब अपनी देह का पानी पसीने में बहाएंगे हम
कदम से कदम मिलाकर आगे चलते जाएंगे हम
ताउम्र सपनों के राजकुमार की राह तकते रहे हम
अब खुद ही बादशाह बन के दिखाएंगे हम |

18. मेरा घर

इस घर में जो बजाना चाहिए जैसे पियानो , दरवाजे की
घंटी
उसे छोड़कर सब बजता है
घर का फ्लश, सिंक और अपनी मनमर्जी से बेबात
जब चाहे तब फायर अलार्म सीटी बजाता है
एलेक्सा को टीवी की आवाज जब भ्रमित करती है
तो वह भी कुछ ऊटपटांग बकती है
घर में इतने सारे खिलौने हैं
कब , कौन सा कहाँ बज उठे
कुछ पता नहीं
इस बात का डर हर पल सताता है,
कपड़े सुखाने के स्टैंड का कोई स्टैंड नहीं है
वह अपनी अस्मिता कब की खो चुका है
चाय की मेज बुढ़िया के दांतों सी हिलती है
वह कब स्वर्ग सिधार जाए
कुछ पता नहीं
सोफे की सीट ऐसे खिसकती है
जैसे कोई घोड़ी बिना बात बिदकती है,
पानी गरम करने की केटल भी चिंघाड़ती है
प्रेशर कुकर की सीटी कभी बजती है
तो कभी नकारती है,
पता नहीं यह घर है
या फिर खतरों के खिलाड़ी की शूटिंग का सेट,

डॉ. रेखा द्विवेदी

यह मशीनी युग बेहतर है या फिर पाषाण युग,
क्या अब कभी जिंदगी इनके बिना बेहतर हो सकती है ?
ये प्रश्न अनुत्तरित ही रह जाता है !

19. दो हस्तियाँ

रात्रि के अंधकार में
किसी छौने सी सोई
दो हस्तियों के बीच में न जाने कहाँ से
सुबह होते ही दुनिया घुस जाती है
फिर वही दूध वाला , सब्ज़ी वाला
सफाई वाला , गाड़ी साफ़ करने वाला
धोबी, माली
यह टूटा , वह फूटा
यह रिपोर्ट , वह रिपोर्ट
इसका बिल, उसका पेमेंट
वह फिर जो बच्चे की तरह रात में
एक-दूसरे के आगोश में सोए छौने से थे
कुछ कटखने से हो जाते हैं
जैसे एक-दूसरे को जानते ही न हों
फिर एक और रात्रि के इंतज़ार में
कहीं खो जाते हैं |

20. बेज़रुरत

इंसान शायद कुछ ऐसा ही होता है
जैसे किसी कमरे में पड़े ढेर सारे खिलौनों के बीच
कोई पुराना खिलौना,
जिसे बच्चा न खेलता है न देखता है
मगर भला कोई और छू तो दे
तब उसकी जान और शान-ओ-शौकत पर बन आती है
खिलौना भी सोचता है
मैं बेज़रुरत, बेकार सा पड़ा हूँ
कोई तो खेले, कुछ तो कदर हो मेरी
पर उसकी कोई नहीं सुनता है |

21. भीड़ से डर लगता है

अब मुझे झूठ, ठगी , अपमान
डरा नहीं सकते
बस अब मुझे मोहब्बत से डर लगता है
ना जाने कितने फरेब हैं
इस जमाने में
अब गैरों से नहीं अपनों से डर लगता है

22. दीवारें

पता नहीं घर दीवारों से बनता है
या दीवारों से घर
कभी दीवारें अलग करती हैं
तो कभी जोड़ती हैं दिलों को
वरना लोग यूँ हीं ना दौड़ते चले आते
दीवारों से मिलने
पता नहीं घर दीवारों से बनता है
या दीवारों से घर |

23. समय

दिन, रात, हफ्ते, महीने साल
सब बदलते रहते हैं
घड़ी भी चलती रहती है
पर न जाने क्यूँ समय कभी नहीं बदलता |

24. दर-ओ-दीवार

अपनी मोहब्बत को दफना दिया हमने
अपने दर्द को दवा बना लिया हमने
खुद को खुद का आशिक़ बना दिया हमने
दर-ओ-दीवार को घर बना लिया हमने

25. मिट्टी

मुझे मिट्टी में सिर्फ मिट्टी नज़र नहीं आती
कि हाथ में लग जाए तो हाथ धो लूँ
मुझे मिट्टी में कहीं एक साँप और चूहे का एक बिल दिखता है

कहीं फसल काटते किसान के पसीने की गंध

कहीं छप्पन भोग से सजी थाली

कहीं फलों से लदे पेड़, कहीं पूरा जंगल

कहीं बहती नदी, तो कहीं जल से भरे तालाब में खिलते फूल

कहीं मिट्टी में दिखते हैं मोहनजोदड़ो की खुदाई में मिले बर्तन

तो किसी सुदूर गाँव में

आज भी चाक पर मिट्टी के बर्तन बनाते- बनाते

कोई गीत गीत गाता कुम्हार,

कहीं नज़र आता है कोयला

तो कहीं सोने, हीरे की खान

कभी नज़र आती है गहने पहने सप्तपदी पर सात फेरे लेती दुल्हन

कहीं पूजा की थाली में नज़र आती है थोड़ी सी मिट्टी
तो कहीं नज़र आता है
मिट्टी से पैदा, मिट्टी में जीता और में मिट्टी में मिलता इंसान |

26. मैं स्त्री हूँ

जी हाँ, मैं स्त्री हूँ
मुझे गहने पहनने का बहुत शौक है
मैं अपनी नाक पहनती हूँ
मुझे घर में उबलते दूध की महक कहीं से भी आ जाती है
मुझे बच्चे के शरीर की महक से पता चल जाता है
वह बीमार है,
दूर से देखे बिना जान लेती हूँ
कि बगिया में कौन सा फूल खिला है,
खाना सूंघकर बता देती हूँ कि अच्छा है या खराब
मैं आदमी के शरीर की महक से जान लेती हूँ उसका चरित्र
मैं स्त्री हूँ, मुझे गहने बहुत पसंद हैं
मैं आँखें भी पहनती हूँ
मैं आँखों में आँखें डालकर
वह सब कह देती हूँ
जो शब्दों से नहीं कह पाती,
आँखें दिखाकर बच्चों को डांट देती हूँ,
कितने भी दुख या सुख में रहूँ
आँसू बहाकर बिन बोले सब व्यक्त कर देती हूँ
आँखों से मैं दुनिया की खूबसूरती और बदसूरती सब देख
लेती हूँ।

27. पेंटिंग

मैं धीरे- धीरे इंसान से घर की दीवार पर लगी
पेंटिंग में बदलती गयी

उस पर धीरे-धीरे धूल जमती गयी

या सबकी नजर ही धुंधली पडती गयी

मैं इंसान से घर की दीवार पर लगी पेंटिंग में बदलती गयी

मैंने आवाजें लगाने की भरसक कोशिशें की

पर आवाजें हवा में खोती गयीं

या फिर मेरे आसपास लोग ही बहरे होते गए

मैं धीरे- धीरे इंसान से घर की दीवार पर लगी

पेंटिंग में बदलती गयी

मेरे वजूद ने उस पेंटिंग से निकलने को बहुत हाथ-पाँव मारे

पर सभी राहें फिर उस पेंटिंग तक पहुँचती गयीं

मैं धीरे- धीरे इंसान से घर की दीवार पर लगी

पेंटिंग में बदलती गयी,

मेरे किरदार ने बड़ा इंतज़ार किया

कि कोई तो नया इस घर में आये

शायद मुझे सराहे और ले जाए

बहुत से लोग आये और गए

पर मैं धीरे- धीरे

पेंटिंग से दीवार में बदलती गयी ।

28. दीवारें

घर धीरे- धीरे, हौले-हौले बनता है
दीवारों से
जब घर से डोली उठती है
तब भी दीवारें रोती हैं
पर खुशी के आंसू धोती हैं
बेटी के घर वापस आने तक
वह राह देखती रहती हैं
उसके घर वापस आने पर
वह हंसती है, मुस्कुराती हैं
बचपन की याद दिलाती हैं
घर धीरे- धीरे बनता है
घर हौले-हौले बनाता है दीवारों से
जब घर छोटा पड़ जाता है
आपस में झगड़ा होता है
जब कोई घर छोड़ जाता है
तब दीवारें भी बेबस होती है
वह भी सुबक-सुबक कर रोती हैं
घर धीरे-धीरे बनता है
घर हौले-हौले बनता है दीवारों से
जब घर से सब उड़ जाते हैं
बस बूढ़े ही बच जाते हैं
तब बस दीवारें ही रंह जाती हैं
कुछ कहने को कुछ सुनने को

कुछ भूली- बिसरी यादों में रहने को
वह भी कुछ टूटी सी कुछ बिखरी सी
कुछ यहाँ -वहाँ से उधड़ी सी
सर्दी - गर्मी या हो बारिश
खड़ी रहती हैं पहरे सी
वह हमेशा साथ निभाती हैं
फिर धीरे-धीरे,हौले -हौले
खुद ही घर बन जाती हैं
जब घर से अर्थी उठती है
जब सारे अर्थ बदलते हैं
जब सारा घर सोता है
तब भी दीवारें जगती हैं
चुप्पी में बेबस रोती है
आपस में खुसफुस करती हैं
वह सब कुछ सुनती रहती हैं
वह सब कुछ गुनती रहती हैं
जब सारे रिश्ते-नाते बेमानी हो जाते हैं
जब साथ- साथ तो रहते हैं
पर कभी गले ना मिलते हैं
तब भी दीवारें रहती हैं
कुछ कहती हैं
कुछ सुनती हैं
सर्दी- गर्मी और बारिश में सबकी रक्षा करती हैं
हर मौसम को सहती हैं
कभी ना शिकवा करती हैं
जब दीवारें अपनी सी होती हैं
लोग पराए हो जाते हैं

डॉ. रेखा द्विवेदी

बस धीरे-धीरे , हौले-हौले
तब दीवारें ही घर बन जाती हैं |

29. दस्तक

आज फिर दर्द ने दस्तक दी मेरे दरवाजे पर
मैंने कहा , लौट जा मेरे पास वक़्त नहीं है
अभी बहुत से काम बाकी हैं
घर साफ़ करना है ,खाना पकाना है
कपड़े धोने हैं, बच्चों को स्कूल से लाना है
अभी थोड़ा ठहर जाओ
तुम भी बेवक़्त आ जाते हो
लेकिन वह कहीं जाता नहीं है
जैसे उसे कोई काम नहीं है
वह फिर आता है और जोर से दस्तक देता है
मैंने कहा , घर पर मेहमान आये हैं
उनके आगे मुस्कुराना पड़ेगा
हँसना और खिलखिलाना पड़ेगा
मैं तुम्हारा स्वागत-सत्कार नहीं कर सकती
वह निराश होकर वहीं खड़ा रहता है,
वह फिर दस्तक देता है
मैं कहती हूँ , " तुम देखते नहीं मैं ऑफिस जा रही हूँ
वहाँ सबके सामने मैं तुमसे नहीं मिल सकती
मैं वहां टूटकर बिखर नहीं सकती
तुम्हें आना है तो आओ !!
देखो मैंने तुम्हारे बहुत से संगी- साथी
यहाँ - वहाँ , मेज की दराजों में , कागजों में , फाइलों में
दरवाजे के पीछे छुपा रखे हैं

डॉ. रेखा द्विवेदी

तुम चाहो तो तुम भी वहाँ छुप जाओ
फुर्सत में हम मिलेंगे, बातें करेंगे
कुछ तुम कहना मैं सुनूँगी
कुछ मैं कहूँगी तुम सुनना
लेकिन एक वादा करो फिर लौट कर मत आना "
आज फिर दर्द ने दस्तक दी मेरे दरवाजे पर ।

30. एटीएम

धीरे - धीरे मैं एटीएम मशीन बनता गया
माँ - बाप स्वर्ग सिधार गए, बच्चे अपने आप के हो गए
मैं बस अकेला पड़ता गया
पत्नी घर- गृहस्थी की होकर रसोई में खो गयी
मैं अपने घर में ही बेघर सा हो गया
धीरे - धीरे मैं एटीएम मशीन बनता गया
जवानी साथ छोड़ गयी
चेहरा भी कुछ बदरंग सा हो गया
बचपन के दिन याद आने लगे
पुराने भूले- भटके दोस्त बुलाने लगे
कॉलेज की बातें और पुराने किस्से दोहराने लगे
हंसने के लिए लाफिंग क्लब जाने लगे
एक बार फिर हम मुस्कुराने लगे
एटीएम मशीन को छोड़ कैश पर आने लगे |

31. एक्सपायरी डेट

आजकल हर एक चीज की एक्सपायरी डेट है
पहले चावल जितना पुराना हो
उतना अच्छा माना जाता था
अचार सालों- साल चलता था
दालों का तो कोई हिसाब ही न था
आलू , शकरकंदी बचाकर रखा जाता था
तो मीठा हो जाता था
आम थोड़ा सड़ा भी हो
तो हम काट कर खा लेते थे
तेल- साबुन पर एक्सपायरी डेट होती है
यह तो हम जानते भी न थे
कपड़े तो आखिरी दम तोड़ते तक इस्तेमाल होते थे
अब वो बिना एक्सपायरी डेट के ही फिक जाते हैं
लगता है इस बाजारवाद ने
लोगों की घ्राण शक्ति , समझने की शक्ति छीन ली है
अब तो इतना डर लगता है
कि खुद ही अपने- आप को टटोलती रहती हूँ
कहीं मेरे शरीर पर ही एक्सपायरी डेट न खुद गयी हो ?

32. समर अभी शेष है

मैं यहाँ पर, गेडिकल लोगों के इयोरा देश में हूँ
खूबसूरत सूर्योदय - सूर्यास्त और बहती समुद्री हवा
हमें सुकून नहीं देतीं
उन रंगों में मुझे नेटिव लोगों के खून का रंग मिला हुआ
दिखता है
हवा में तुम्हारे संघर्ष की सुगंध आती है
तुम्हारे साथ हमारा संघर्ष का रिश्ता है
मुझे पता है
तुम्हारा अनन्त कालों का इतिहास धो दिया गया
तुम बहादुरी के साथ लड़े
पर दुश्मन चतुराई और बन्दूकों से
तुम जीते या हारे तुम कायर नहीं थे
तुम मानते रहे तुम धरती के हो
धरती तुम्हारी है
तुमने धरती से उतना ही लिया
जितनी तुम्हारी आवश्यकता थी
तुम प्रकृति के साथ तालमेल बिठाकर चलते रहे सदियों तक
परन्तु नहीं बचा सके इसे मानव
के लालच और शोषण से
तुमने जो दंश और पीड़ा झेली है
उसका वर्णन शब्दों में असम्भव है
विश्वास करो
हमने भी उन्हीं आक्रमणकारियों के खिलाफ लड़ाइयाँ लड़ी हैं

डॉ. रेखा द्विवेदी

हम जानते हैं
उनकी कठोरताएँ और चालबाजियाँ
तुम्हारे गुस्से को व्यक्त करने के
लिए हमारे पास भाषा नहीं है
युद्ध अभी समाप्त नहीं हुआ है
यह धरती ,आकाश, बादल, पर्वत , समुद्र
यह जंगल, सूरज, चाँद और ये तारे
सब तुम्हारे थे
तुम्हारे हैं, तुम्हारे रहेंगे
समर अभी शेष है ।

33. बादल

मुझे बादलों में सिर्फ बादल नजर नहीं आता
उनमें नज़र आती हैं नदियाँ और समुद्र
पानी की बूंदों के लिए किसान की ऊपर की ओर उठती
आँखें
उनमें नज़र आता है
बिसलरी की बोतल में बन्द पानी
उनमें नज़र आता है
एक पेड़ और उन पर चिड़ियों का एक घोंसला
उनमें नज़र आता है
एक खूब घना जंगल जिसमें ढेर सारे जीव जन्तु
उनमें नज़र आता है
तपती धूप से राहत पाता आदमी
उनमें नज़र आती है
एक कविता और एक बच्चे की चित्रकारी
उनमें नज़र आता है
बाढ़ से ध्वस्त गाँव और डूबे खेत
उनमें नज़र आती है
मेरी माँ जो नदी से हो समुद्र में जा मिली
फिर बूँद बन बरस गई।

34. तुम उनके काम छीन लो

तुम चाहो तो, जो तुम्हारे काम छीन रहे हैं

तुम उनके छीन लो

उन्होंने मैला ढोया है

अब तुम ढो लो

उन्होंने मरे जानवर उठाए हैं

अब तुम उठा लो

उन्होंने तुम्हारे मैले वस्त्र धोए हैं

अब तुम बदले में उनके वस्त्र धो लो

उन्होने तुम्हारे खेतों में मजदूरी की है

बदला लेने को तुम उनके खेतों में मज़दूरी कर लो

उन्होंने तुम्हारे घर बनाए हैं

अब तुम उनके बना दो

तुमने उन्हें अछूत करार दिया

अब कुछ दिन को ही सही

उन्हें भी तुम्हें अछूत घोषित करने दो

उन्होंने तुम्हारे जूठे पत्तल उठाए हैं

अब तुम उनके उठा लो,

उन्होंने तुम्हारे जूते चमकाए हैं

तुम उनके चमका दो

तुम अपनी औरतों को

उनकी जचगी में भेजो मालिश करने को

बदले में उन्हें स्नान-ध्यान और पूजा-पाठ कर लेने दो

सदियों तक तुम्हारी पीढ़ियाँ महान जन्मी हैं
अब एक सदी उन्हें जन्मजात महान बन लेने दो
उन्हें भी पढ़ -लिख लेने दो
शायद कुछ पाप धुल जाएं !!
किस्से जब तक शेर लिखेगा
तो वह अपनी बहादुरी की डींगें ही हांकेगा
जरा हिरन को भी तो कलम पकड़ने दो
उसे भी तो अपने हिस्से का लिखने दो
ताकि वह अपना सही- सही इतिहास लिख सकें ।

35. मेरे अपने हिस्से की धरती

मेरे अपने हिस्से की धरती और जंगल मुझे चाहिए

मेरे अपने हिस्से का सूरज और खिली धूप मुझे चाहिए

मेरे अपने हिस्से का समुद्र और बारिशें मुझे चाहिए

मेरे अपने हिस्से का नीला आसमान और चाँद सितारे मुझे चाहिए

मेरे अपने हिस्से की सन्तानें मुझे चाहिए

जब मैं इस धरती पर उपजी या उपजाई गई

तो यह सह सब हमारा भी उतना था जितना तुम्हारा

फिर बस हम तुम्हारे हुए बाकी सब तुम्हारा

मैं कौन हूँ ?

यह नहीं जानती

मैं स्त्री हूँ ,जीव-जन्तु ,पेड़ ,या फिर कोई कीट पतंग ?

पर मेरे हिस्से का लेकर तुम कैसे अपनी वीर गाथाएँ गा सकते हो ?

कैसे धर्म की चर्चाएं कर सकते हो ?

कैसे सिर उठाकर चल सकते हो ?

कभी तो अपने गिरेबान में झांक कर देखो

कभी तो आईने में अपना चेहरा देखो

अपने लिखे इतिहास को पढ़कर खुद गौरवान्वित होने वालों

कभी तो कोई और किताब भी खोलकर देखो |

36. यादें

यादें आती हैं
बस यूँ ही चली आती हैं !!
बगैर वीसा- पासपोर्ट या टिकट के
न इनका कोई नाम होता है, न गाँव, न शहर, न देश
बस ये यूँ ही हवा में तैरती रहती हैं यहाँ-वहाँ
यादें आती हैं
बस यूँ ही चली आती हैं
कभी ये हँसाती हैं
कभी ये रुलाती हैं
कभी लोरी बन सुलाती हैं
कभी ये यूँ ही मन बहलाती हैं
कभी ये तीज त्योहार भी मनाती हैं
बस यादें आती हैं
यूँ ही चली आती हैं
कभी पेड़ पर बैठी चिड़िया सी चहचहाती हैं
कभी भौंरे सी गुनगुनाती हैं
कभी फूलों सी खिल जाती हैं
कभी किसी बच्चे सी बेबात खिलखिलाती हैं
तो कभी सुबह की ओस सी आंसू बन टपक जाती हैं
यादें हैं, जब चाहें चली आती हैं
ये यादें ही तो हैं , जो हमेशा साथ निभाती हैं
शायद !! ये यादें ही हमें जानवर से आदमी भी बनाती हैं।

37. कहानी

मेरे शहर के लोगों ने थी ठानी

उन्हें कोई एक कहानी थी सुनानी

उनकी कहानी में न कोई राजा था, न कोई रानी

न कोई कहार था, न नाई

न कोई गोबर था, न कोई होरी

न कोई हीर था, न कोई रांझा

न कोई तोता था, न मैना

न कोई शेर था, न हिरन

मेरे शहर के लोगों ने थी ठानी

उन्हें थी कोई अपनी ही एक कहानी सुनानी

उनकी कहानी में

अपनों के नहीं , अपने ही दुख दर्द थे

अपने सपनों के कुछ अर्थ थे

अपनी कमियों के नहीं, दूसरों के अपराधों के कुछ पृष्ठ थे

जिन्दगी के सबके अपने-अपने कुछ मर्म थे

अपनी-अपनी कहानी के कुछ दर्द थे

कहानी सुनाने वाले चहुँओर

पर सुनने वाले कमतर थे

मेरे शहर के लोगों ने थी ठानी

उन्हें थी कोई अपनी कहानी सुनानी

सबकी अपनी-अपनी डपली

अपना-अपना राग

सबकी थी अपनी-अपनी ही राम कहानी |

38. न चाहा ही गया न भुलाया ही गया

मेरी चाहतों की चाहत

चाह कर भी मुझसे तुझे चाहा न गया

कभी सोंचा तो न था पर

तुझे अपने दिल से उतारा न गया

ये सच है कभी तू मेरी मोहब्बत था

पर अब अजनबी सा पुकारा न गया

मेरी सारी उम्मीदों का क़त्ल करने वाले

मुझसे तुझे न चाहा ही गया न भुलाया ही गया |

39. अपने आप से डर लगता है

अब मुझे झूठ ,ठगी,अपमान
डरा नहीं सकते
बस अब मुझे मोहब्बत से डर लगता है,
ना जाने कितने फरेब हैं इस जमाने में
अब गैरों से नहीं अपनों से डर लगता है
हर गली, कूचे में लोग औलादें पैदा करते हैं
उनकी जिन्दगी के अफसाने से डर लगता है
सब तरफ भूख है, अफरातफरी है
अब तनहाईयों से नहीं भीड़ से डर लगता है
कहीं हम भी खो न जाए कहीं !!
अब किसी और से नहीं अपनेआप से डर लगता है।

40. हमसफर

मिला था एक इन्सान सफर में
जो हमसफर सा बन गया
वह जरूरत पर माँगने से ज़्यादा देना जानता था
वह दर्द में रोने से ज़्यादा मुस्कुराना जानता था
वह लोगों के बीच बोलने से ज़्यादा सुनना जानता था
वह मुसीबत में किसी को गिराने के बजाय उठाना जानता
था
वह खिला था, जंगल में एक फूल की तरह पर
कुछ मुरझा सा गया
मिला था एक इन्सान सफर में
वह हम सफर सा बन गया
वह मेरे दिल में
इन्सानियत के मापदंड ऊँचे कर गया
वह जाते -जाते अपने साथ
मेरा कद भी कुछ ऊँचा कर गया
अब कहाँ- कहाँ खोजूं उसे ?
वह तो खुद ही अपना वजूद
अपने साथ ले गया।

41. क्यूँ

अब न जाने क्यूँ ?
कोई इन्सान दिल को भाता ही नहीं
इसलिए मैंने दरख्तों की
पूरी की पूरी कतारें लगाई हैं।

42. मोहब्बत न जता

ऐ मेरे हमसफर , मेरे रकीब
अब मुझसे मोहब्बत न जता
दुश्मनी ,नफरत ,झूठ ,ठगी
ये सब तेरे अपने अफसाने है,
ये प्यार, ये मोहब्बत ,ये परवाह
मुझे नया जख्म देने के तेरे बहाने हैं
अब तू कहीं और जा एक नए आशियाने में
शायद आज फिर कोई नई कली खिली हो
किसी मयखाने में
अब झूठ ,नफरत ,ठगी
ये सब खेल है तेरे ज़माने के
इनसे मुझे डर नहीं लगता
से सब मेरे जीने के बहाने हैं |

43. ब्लू माउन्टेन

ब्लू माउन्टेन के
कटूम्बा शहर के नीले आसमां तले
बैठकर 'शान्ति ' का
शान्ति के साथ आनंद लेते हुए यूँ लग रहा था
जैसे मस्तिष्क में विचार आने
की भी अनुमति नहीं है,
चारों ओर शान्ति ही शान्ति
शुद्ध हवा में यूक्लिपटस की मिली-जुली
भीनी-भीनी खुशबू,
चटकती- खिली सुहानी ,सुनहरी पहाड़ी धूप
चारों ओर हरियाली ही हरियाली
पहाड़ी ढलानों का सौन्दर्य
यहाँ- वहाँ आजादी से उगे छोटे-छोटे
लाल,पीले,सफेद,गुलाबी,नीले फूल,
निर्भय घूमते पशु-पक्षी और अन्य जीव
मीठे पानी की झीलें और झरने
तभी न जाने कहाँ से एक बड़ी
एकदम सफेद ककाटू चीखते हुई
मंडराने लगी,
उसकी कर्कश तीखी आवाज
जैसे उद्घोषणा कर रही हो
यह सब मेरा है
उस आवाज़ में

एक युद्ध का सा उन्माद था
जहाँ किसी अन्य की भावनाओं के लिए न कोई स्थान था
उसे अपने सफेद और सुन्दर होने का गुमान था
उसने अपने आपको उस जंगल का राजा घोषित कर दिया
शेष सब को तरह-तरह से सताया मारा- पीटा, जमीनें छीन
लीं
उनको अपने ही घर में बेघर कर जेल में डाल दिया
कहानी अभी शुरू हुई है युद्ध अभी जारी है |

44. धरतीपुत्र

हे धरतीपुत्र !! क्यों अपनी जननी छोड़ कर जाते हो उन
बेगानों में
अपनी माँ की गोद में तुम सुन्दरतम् थे
तुम वहाँ जाते ही क्यों परदेशी बन जाते हो ?
वहाँ भी तो तुम वही जलेबी- समोसा
दाल-रोटी, मिठाई ही खोजते रह जाते हो
अपनी मात्र भाषाएं छोड़
तुम वहां फिरंगी की भाषा में अटपटाते हो
हे धरतीपुत्र !! तुम क्यों अपना घर छोड़ दूसरों के घर जाते
हो ?
डालर , पौंड, यूरो ,येन, दिनार की चमक- दमक में खो
जाते हो
परन्तु तुम वहां का सब वहीं खर्च कर आते हो
जाते वक्त लौटकर आने का वादा कर
फिर धीरे-धीरे मुकर जाते हो,
क्यों वहीं के होकर रह जाते हो ?
हे धरतीपुत्र !! तुम क्यों अपने वतन का दाना-पानी ले पलते
हो
फिर पंख मिलते ही उड़ जाते हो ?
तुम क्यों अपने वतन का कर्ज़ नहीं चुकाते हो ?
आखिर तुम क्यों जाते हो अपनों को बेगाना कर
बेगानों को अपनाने को ?
आखिर क्यों अपना घर छोड़ बेघर हो जाते हो

फिर दर-दर के धक्के खाते हो ?
तुम कितना भी कुछ कर लो
कल को तुम्हारी सन्तानें
तुम्हें पहचानेंगी नहीं
भाषा भले ही एक हो
पर वक्त के साथ भाव बदलेंगे सही
हे धरती पुत्र !! अपना वतन छोड़ कर न जाने किन सपनों
को पूरा करने जाते हो?
फिर वहाँ तुम तलाशते हो मन्दिर ,मस्जिद, गुरुद्वारे
और रविवार को मनाते हो सब तीज -त्योहार ,व्रत-उपवास
फिर चिट्ठी आई है गाना सुन-सुन कर रोते- गाते हो
हे धरती पुत्र !! तुम क्यों भारत भूमि से उड़ जाते हो
फिर लौट कर नहीं आ पाते हो ?

45. क्षमा प्रार्थना

हाँ, मैं ब्राह्मणी हूँ उन सब से क्षमाप्रार्थी हूँ
जिन्हें हमारे पुरखों के अपराधों की सजा आजन्म भोगनी
पड़ी
वह अपराध क्षमा के योग्य तो नहीं हैं
पर क्षमा मांगने का अधिकार तो हमारा है
स्वीकारती हूँ अपने वह सब अपराध
जो हमने कभी किये ही नहीं
बल्कि अपने ही घर में लड़ाइयाँ लड़ी हैं
उन अपराधों के खिलाफ जो तुम पर सदियों से थोपे गए
जो तुमने किए ही नहीं थे
तुम कब कहाँ किस कोख से पैदा हुए
उसी से तुम्हारा भाग्य निर्धारण कर दिया गया
तुम्हें अछूत और कमतर बना दिया गया
तुम अभिमन्यु से निहत्थे थे
तुम्हारे आसपास अदृश्य तलवारें लटक रही थीं
जो तुम्हारी गर्दन नहीं तुम्हारा आत्मविश्वास कुचल रही थीं
तुम्हारे आततायियों को तुम्हारी मौत नहीं
जीवित सेवक चाहिए थे
वह भी दबे कुचले ताकि आवाज न उठा सकें
तुम उनके मन्दिर बनाओ
भगवान भी बनाओ पर वह उनके हैं
कुँआ तुम खोदोगे पर पानी उनका होगा
स्कूलों की बिल्डिंग तुम बनाओगे

बच्चे उनके पढ़ेंगे
अन्न तुम उगाओगे पर
तुम्हारी छुई रोटी वह नहीं खाएंगे
मैं शायद थोड़ा बहुत
अछूत होने का दर्द समझ सकती हूँ
महीने के तीन दिन और सौंर में चालीस दिन
हमें भी अछूत घोषित किया जाता रहा है
विधवा होने पर शुभ कामों से परे रखा जाता है
हमें अशुभ घोषित किया जाता है
पर पूरा सच तो तुम ही जानते हो
आगे तुम्हारे साथ यह सब न हो
तुम्हारी आने वाली पीढ़ियाँ ससम्मान जी सकें
इसलिए जरूरी है
हम सब मिलजुलकर रहें ।

46. आख़िरी दिन

मैं अब किसी के प्रेम में हो नहीं सकती
कोई मुझे प्रेम करे यह मैं अब सह नहीं सकती
कितना एहसान होता है किसी के प्रेम में
यह बोझ अब मैं वहन नहीं सकती
बस एक दिन
भले ही वह आख़िरी दिन हो
मेरी जिंदगी का
आजादी के बगैर मैं जी नहीं सकती
मोहब्बत के नाम पर मिटने का दावा कर मिटाने वालों
तुम्हारे चेहरों से नकाब उठाए बिना
मैं रह नहीं सकती |

47. एंजाइटी

सुबह- सुबह मेड का मेरे कमरे में घुसना
सफाई करना
कुछ ऐसा लगता है
जैसे कोई डाकू कमरे में घुस आया हो
या फिर सीआईडी की रेड हो
जो हर कुछ उलट-पलट कर
कुछ खोजने की कोशिश तो कर रहा हो
लेकिन उसे यह न पता हो
कि वह क्या खोज रहा है ?
अगर उसे कुछ बोल दिया
तो वह सीधे जेल करवा देगा
या फिर पूरे घर में आग लगवा देगा
उस पर गीले पानी का पोंछा
और फुल स्पीड में चलता पंखा
ताकि चोर भाग भी ना सके
अब डॉक्टर को एंजाइटी अटैक का
ये कारण भी तो हम न बता सकें |

48. कोरोना काल

कोरोना काल
मालूम है कि सब बेहाल हैं
अब तो किसी का हाल
पूछने में भी डर लगता है
अपना चेहरा भी आइने में
देखती हूँ
तो तस्वीर में बदलने लगता है |

49. चलो मेरे साथ

उसने बादलों से कहा -"तुम मेरे साथ-साथ चलो"
वे बोले, " मैं तो आवारा हूँ, किस्मत का मारा हूँ "
किसी के साथ नहीं चल सकता
बस धूप-छाँव का खेल , खेल सकता हूँ "
उसने पेड़ से कहा,
"तुम चलो मेरे साथ थोड़ी दूर ही सही "
पेड़ ने कहा, "तुम चाहो तो मेरे आसपास घूम सकती हो
मेरी छाया में आराम कर सकती हो
मेरे फल खा सकती हो
पर मैं तो चलना जानता ही नहीं
बस हवा मुझे थोड़ा -बहुत हिला सकती है
मैं जड़ और चेतन दोनों ही हूँ "
उसने हवा से कहा, "तुम चलो मेरे साथ "
हवा बोली, "मैं सिर्फ चलना जानती हूँ
मैं रुक नहीं सकती
तुम मेरे साथ नहीं चल पाओगी
मैं बहती हूँ पर तुम
इसमें तैर भी नहीं सकती "
उसने अस्त होते सूरज से पूछा
"तुम मुझे बहुत सुन्दर लगते हो
क्या तुम मेरे साथ-साथ चलोगे
थोड़ी दूर ?"
सूरज बोला , "मैं बहुत गरम हूँ

तुम जल जाओगी
फिर मैं तो अस्त होने वाला हूँ
मैं नहीं चल पाऊँगा तुम्हारे साथ
मुझे कहीं और उदय होना है"
उसने इन्द्रधनुष से पूछा,
"तुम चलोगे मेरे साथ
तुम मुझे बहुत पसन्द हो
तुम रंगीले जो हो
इन्द्रधनुष बोला "मैं यूं ही बस कभी कभार पल दो पल को
निकलता हूँ
फिर गायब हो जाता हूँ
मैं कैसे चलूँ तुम्हारे साथ ?
मैं सबका दिल बहलाता हूँ
किसी एक का नहीं हो सकता"
उसने समुद्र से कहा,
"क्या तुम चलोगे मेरे साथ?
वह बोला, "चलायमान दिखता हूँ
पर मैं बहुत स्थिर हूँ
तुम चाहो तो बैठकर थोड़ी देर हमारी लहरों से खेल लो
फिर मेरा तो पानी खारा है
मैं तो तुम्हारी प्यास भी नहीं बुझा सकता
मैं न चल पाऊँगा तुम्हारे साथ "
वह अकेली ही चल दी
कभी बादलों की तरह आवारागर्दी करती
कभी पेड़ों की तरह एक जगह पर खड़ी होकर आराम करती
कभी हवा की तरह बहती सी
कभी अस्त होते सूरज सी रंग बिखेरती

कभी इन्द्रधनुष सी एकदम उगकर
सभी को आश्चर्यचकित करती
तो कभी समुद्र की लहरों सी मचलती
वह अपनी मंज़िल भूलकर राह में ही मगन हो गई
और अपने साथ ही खुश रहना सीख गयी |

50. प्रथा

भारतीय औरतों ने बड़ी लम्बी यात्रा तय की है
पितृसत्ता के मकड़जाल में फंसी हुई
वह विधवा होकर, हल्के रंगीन वस्त्र
और चाहें तो दो चार चूंड़ियाँ पहन सकती हैं
छोटी सी बिंदी भी लगा सकती हैं
खाना जो चाहे खा सकती हैं
सिनेमा देखने भी जा सकती हैं
पर बिछुआ और सिंदूर पर
सवाल आज भी खड़े हो सकते हैं !!
गैर तो गैर घर के लोग ही बवाल खड़ा कर सकते हैं
यूँ तो हमने मंज़र वह भी देखा है
जब एक नई-नई विधवा स्त्री को
पड़ोस के बाग में अपने सुहाग के निशानियाँ
उतरवाकर डगमगाते कदमों से चेहरा ढके
लड़खड़ाते कदमों से चलती एक वृद्धा को गिरते देखा है
पीछे चलती उसकी अपनी बहू बेटियों को अपने को बचाते
देखा है
उसे अशुभ घोषित कर अपने सुहाग की रक्षा करते देखा है
शायद इसीलिए कुछ औरतों
को सती होते देखा है!!
पितृसत्ता के मकड़जाल में फंसी
औरतों को दूसरी स्त्री पर अत्याचार करते देखा है
जब उसे किसी के सहारे की ज़रूरत थी

तब उसे लाचार और बेसहारा होते देखा है
बड़ी लम्बी यात्रा तय की है इस सदी ने
पर अब भी किसी विधवा स्त्री को किसी शुभ काम में
आगे बढ़-चढ़ कर हिस्सा लेते न देखा है
हमने औरत को खुद ही खुद को अशुभ मानते देखा है
पुरुषों को एक के मरते ही दूसरी कन्या से ब्याह करते देखा
है!!

हालात बहुत बदल गए हैं
पर अब भी ढेरों औरतों को
मथुरा,वृन्दावन, काशी में सिर घोटाए, सफेद धोती पहने
एक पाव चावल के लिए दिन भर भजन गाते देखा है
उस मकड़जाल से निकल कर
औरतों को सफल होते भी देखा है
इस प्रथा पर कभी लोगों को शर्मसार होते न देखा है!!!

51. बालकनी

मैं घर की बालकनी में बैठी हुई

मौसम न ठंडा , न गर्म

समुद्री हवा का आनन्द लेती हुई

कुकूबारा,हनी ईटर्स,सांग बर्ड ,तोतों

की चहचहाटों को सुनती हुई

कुछ भी ना समझती हुई भी आनंदित होती हूँ

उनकी आवाजों से लगता है

मैं उनके देश में हूँ

जिनकी भाषा मुझे नहीं आती

अभी तक सीखी नहीं

पास ही बैठी 'समाया'

करबी, पिकाचू और इवी की बात करती है

उसकी अपनी एक अलग दुनिया है

वह हिन्दुस्तानी लड़की आस्ट्रेलिया में रहती है

जर्मन स्कूल में पढ़ती है

जापानी कार्यक्रम देखती है

वह जापान जाना चाहती है

मैं उसे अपने और उसके पुरखों की सुनाई कहानियां सुनाती हूँ

शायद !! वह भी ठीक से नहीं समझती

परन्तु उसे भी आवाज़ और सानिध्य भाता है

वह खिलखिला कर हँसती है

लगता है दुनिया कितनी छोटी हो गई है !!!!

नजर ऊपर आसमां की तरफ जाती है
ढेरों उड़ते हवाई जहाज
मैं बक्सों में बन्द उड़ते लोगों के लिए आजादी की दुआ
मांगती हूँ |

52. रहगुज़र हो जाऊँगा

मैंने कभी सोचा न था
तेरे दिल से उतर जाऊँगा
मैं तो तेरा दिल था, तेरी जां था, तेरी मोहब्बत था
सोचा था तेरे सदके जाऊँगा
मैंने कभी सोचा न था
तेरे दिल से उतर जाऊँगा ।

53. अक्स धुंधला गया है

आजकल मुझे आईने में
अपना चेहरा तक नजर नहीं आता
न जाने मेरा अक्स धुंधला गया है
मेरी नजर या आईना ?

54. बस्तियाँ

मेरी खामोशियाँ तुझ तक पहुँचती नहीं
चारों तरफ शोर ही शोर है
बस्तियाँ तो कहीं दिखती ही नहीं
जबकि चारों तरफ लोग ही लोग हैं |

55. मेरी बेताबियाँ

मेरी बेताबियों का तू
यूँ मजाक न बना मेरे कातिल
मैंने तेरी सेज भी कभी फूलों से सजाई है
मेरे दामन के सभी दाग अभी बाकी हैं
उनके स्वागत में मैंने बन्दनवार सजाई है
मेरे सिर पर कत्लेआम का इल्जाम लगाने वालों
जरा गौर से देखो ,
मैंने अपनी मांग सिंदूर से सजाई है।

56. दाग

मेरी राहों के मुसाफिर, मेरे हमदम
मैंने राहें ख्वाबों से सजवाई हैं
अगर मेरे दामन में कोई दाग है
तो उसकी किश्तें हमने अश्कों से चुकाई है |

57. और भी हैं

मेरी आशिकी का कद्रदान
एक तू ही नहीं और भी हैं
मेरा कातिल, एक तू ही नहीं और भी हैं
मेरी तनहाईयों का गुनाहगार
एक तू ही नहीं और भी हैं
ऐ मेरे हमसफर!
रेत का महल एक तू ही नहीं और भी है
तू मुझे चाहे न चाहे
मेरे जीने का सबब
एक तू ही नहीं और भी हैं ।

58. रहगुज़र अभी बाकी है

मेरी मंजिलों से कह दें,
मेरे पास चल के आएं,
मेरे पाँव थकने लगे हैं,
लेकिन रहगुजर अभी बाकी है।

59. दर्दों को सम्भाल कर रखा है

मैंने अपने दर्दों को सम्भाल के रखा है
एक बक्से में
बेशकीमती गहनों की तरह
ताकि कहीं किसी की उन्हें नज़र न लग जाए
बच्चों की तरह ।

60. तेरा गम भुलाने में

अंधेरों की क्या मज़ाल
कि वो दस्तक दे सकें मेरे ग़रीबखाने में
यहाँ हर पल मेरा दिल जलता है
मेरे ही आशियाने में
उसमें तेल सी जलती हैं
तेरी यादें , तेरा ही ग़म भुलाने में ।

61. मेरा इंतज़ार न कर

बड़ी मुद्दतों के बाद खुद को
खोया और पाया है
अब तू मुझे आवाज न दे मेरे रहबर
मैं मौन हूँ अब
मेरी वापसी का तू इन्तजार न कर।

62. तेरे कदमों के निशां

तेरे कदमों के निशां
तेरे कदमों के निशां
अब तक मेरे फलक पर हैं
तू तो नहीं है पर तेरे
सबब अब तक यहीं पर हैं ।

63. बदनाम तो होना ही था

गैर तो गैर थे
यहाँ अपनों ने लूटा है
इस ज़माने में
कहाँ अब जाएं जब चारों ओर
मयखाने ही मयखाने हों
बदनाम तो मुझे होना ही था
तेरे आशिकाने में ।

64. कसम

मैंने जिन्दा रहने की
कसम खाई है
जिन्दगी ने हमसे बेवफाई की
रस्म निभाई है।

65. माहौल शायराना हो

शायद आज भी कहीं
कोई आशियाना हो ?
जिसमें रोशनी में जलते दिए हों
और माहौल शायराना हो।

66. बरख़ुरदार

बरख़ुरदार कौन कहता है ?
मैंने शायरी लिखी है
दरअसल, शायरी मैंने नहीं
शायरी ने मुझको लिखा है |

67. तुम सुन्दर हो

मैं आसमान से उतरी कोई परी तो नहीं हूँ
पर माँ को न जानती, न पहचानती हूँ
मैं गमलों में अपने बचपन का हर पौधा उगा लेती हूँ
काश!! मैं अपनी माँ को भी किसी गमले में उगा लेती
मैं आईने में निहारती हूँ अपना अक्स
पीछे से कहीं माँ झांकती है कहती है, "तुम सुन्दर हो ।"

68. नया अफ़साना

मैं अपने साथ वक़्त गुजारना चाहता हूँ
खुद ही खुद से प्यार करना चाहता हूँ
मेरे गुजरे ज़माने के किस्से तो बहुत हैं
अब एक नया अफ़साना लिखना चाहता हूँ |

69. नासूर

मुझे नासूर देकर दवा देने वाले
अब सब ठीक है
बस थोड़ा सा दर्द अभी बाकी है
मुझे दोस्त बन कर दग़ा देने वाले
अभी मुझ में थोड़ी सी जान बाकी है
ऐ रहगुज़र मेरी मंज़िलों से कह दे
थोड़ी सी राह अभी बाकी है |

70. धरतीपुत्र

जिस घर में रहती हूँ
जिस मन्दिर , मस्जिद,गुरुद्वारे में जाती हूँ मैं
जिस मॉल में खरीददारी करती हूँ
जिस मेट्रो में यात्रा करती हूँ
उन सब जगहों पर
हे धरतीपुत्र!!!
मुझे तुम्हारे खून-पसीने की गंध आती है
तुम्हारा पीठ से चिपका हुआ पेट
तुम्हारे हाथों के ठट्ठे
तुम्हारे पांव के छाले
मुझे अपने शरीर पर महसूस होते हैं
महलों को बनाने वालों को
दड़बों में रहने के लिए मजबूर करने वाले लोग
इसी दुनिया में बनते हैं
एक मानव दूसरे मानव से अलग हो जाता है
एक स्टारबक में काफी पीता है
दूसरा सड़क किनारे प्लास्टिक की थैली में ले जाकर चाय
पीता है
तीसरा वहीं भीख मांगता है
एक हवाई जहाज से चलता है
दूसरा धूप में रिक्शा खींचता है
तीसरा अपनी पीठ पर अपने वजन से कई गुना सामान
ढोता है

एक बड़ी इमारतों के फ्लैट में ए.सी.में रहता है
दूसरा सर्दी,गर्मी,बारिश में
फुटपाथ पर कपड़े आयरन करता है
तीसरे कूड़े से बीनकर खा रहा होता है
कहने को हम सब इन्सान कहलाते हैं
इतिहास गवाह है
ताजमहल बनाने वालों का नाम कोई नहीं जानता
यदि जानता है तो बस इतना
ताजमहल बनाने वालों के हाथ काट दिए गए थे
तुम ईश्वर और मन्दिर के निर्माता
स्वयं अभिशप्त हो
तुम भूल गए राष्ट्रपति भवन,लाल किला सब तुम्हारे पुरखों
ने बनाया है
बस तुम्हारे हाथ नहीं काटे गए,
तुम्हारी सांसें पेट की रोटी के लिए खरीद ली गईं
हे धरतीपुत्र!!
जागो,नींद से नहीं जाग से जागो।

71. कुछ कहें- कुछ सुनें

कुछ तुम कहो, हम सुनें

कुछ हम सुनें और तुम कहो

कुछ दोहराएं बीते दिनों की यादें

कुछ नये-नये सपनें भी चुनें

आज मन कुछ यूँ ही उदास है

ज़रा पास आओ बैठो

न कुछ हम कहें, न कुछ तुम कहो

न कुछ हम सुनें, न कुछ तुम सुनो

आओ आज ज़रा पास बैठें

हाथ से छूकर बस एक- दूजे को महसूस करें |

72. खाली घोंसला

ना जाने क्यों, कब और कैसे

ये माँए बूढ़ी हो जाती हैं

दौड़-दौड़ कर घर बाहर सम्भालने वाली

आए गए की आवभगत करने वाली

सब के हजार नखरे उठाने वाली

ये बस यूँ ही थक सी जाती है

ये माँए बस यूँ ही बूढ़ी हो जाती हैं

हजार तरह के पकवान बनाने वाली

सबकी पसन्द-नापसन्द का ख्याल रखने वाली

न जाने कब यह खिचड़ी पर उतर आती हैं

ये माँए बस यूँ ही बूढ़ी हो जाती हैं

खूब सजने -संवरने वाली

मांग-टीका , लिपस्टिक लगाने वाली

बदल-बदल कर कपड़े पहनने वाली

शादी-ब्याह,तीज त्योहार में मेंहदी -महावर लगाने वाली

यह बाल काढ़ना भूल सी जाती हैं

बच्चो के चले जाने पर

माँए कुछ निर्विकार सी हो जाती हैं

रोज सुबह स्कूल जाने के लिए जगाने वाली

लोरी गाकर सुलाने वाली

रात-रात जागकर बच्चों को गीले से सूखा करने वाली

अब सूखे बिस्तर पर करवटें बदलती

रात काट देती हैं

डॉ. रेखा द्विवेदी

ये माँए चिन्ता में बेबात जागती रहती हैं
ये हर दिन स्कूल से लौटने का इंतजार करने वाली
जरा सी देर होने पर सारी दुनिया हिला देने वाली
हर छोटी -बड़ी चीज का हिसाब रखने वाली
अब अपना चश्मा यहाँ -वहाँ रखकर भूल जाती हैं
ये दवा खाना भूल जाती हैं
अपने बच्चों का जन्मदिन भूल जाती हैं
खाली घोंसले में
बस अपनी ही छाया सी नज़र आती है
ये माँए बस यूँ ही बूढ़ी हो जाती हैं।

73. आशियाना

कहीं एक पेड़ तो लगाओ
कोई एक फूल, एक कली, एक पत्ता ही खिलाओ
क्या पता कहीं कोई
तितली, भौंरा, चिड़िया,
गिलहरी बेघर हो
उनके लिए लिए शायद
ये उम्मीद की एक छाँव
या फिर आशियाना हो
कहीं एक पेड़ तो लगाओ |

74. गोधूली बेला में

गोधूली बेला में
रेलवे स्टेशन पर
लाखों चिड़ियां पेड़ों के होते हुए भी
न जाने क्यूँ बिजली के तारों पर बैठी नज़र आती हैं
चहहचाती रहती हैं
शाम को घर लौटने की चहचहाहट
शायद !! वे भूल गयी हैं
अपने बच्चों को सिखलाना
कि दरख़्त भी उनके घर होते थे
जिन पर वह घोंसला बनाती थीं
इंसानों के घर-आँगन में दाना चुगने जाती थीं
वह घरेलू चिड़ियां कहलाती थीं
आज घर तो हैं
पर घरों में आँगन, झरोखे, आले,
और धन्नी वाली छतें कहाँ ?
ना रहे आँगन में पेड़ न रहे बाग़-बगीचे
अब जंगल के नाम पर कुछ पेड़ लगे होते हैं
यहाँ और वहाँ
अब न जाने ये चिड़ियां कहाँ घोंसला बनाती हैं ?
अपने अंडे सेती और बच्चे पालती हैं ?
गोधूली बेला में तार पर बैठी लाखों चिड़ियां
जोर- जोर से चहचहाती हैं
न जाने क्या कहती हैं ?

शायद ये गीत गाती हैं
भूली- भटकी यादें दोहराती हैं
या दिल्ली में बैठी सरकार तक
अपनी गुहार लगाती हैं
शायद आने जाने वाले यात्री उनका संदेश पहुचा ही दें ||

75. जानवरों का देश

एक दिन भेड़ों के देश में
एक सफेद कुत्ता आया,
भरसक अपनी आवाज मीठी रख ,
दुम हिला-हिला कर बतलाया,
"मैं एक उच्च शिक्षित महात्मा हूँ,
मैं तुम्हें सही राह दिखलाउँगा,
तुम्हे ठीक से चलना नहीं आता
मैं तुम्हें चलना सिखलाउंगा,
भेंड़ों के झुंड में से एक भेंड़ बोली,
(जिसे कुत्ते ने पहले से ज्यादा हरी घास खिला रखी थी)
हॉ हमें ठीक से चलना नहीं आता,
हम सब तितर बितर हो जाते हैं,
अपने मालिक के घर का रास्ता भूल जाते हैं,
सभी भेंड़ों ने इसे बार-बार दोहराया,
"हॉ हमें ठीक से चलना नहीं आता,
हम सब "तितर-बितर हो जाते हैं,
अपने मालिक के घर का रास्ता भूल जाते हैं"
इसमें ही उन्हें सच नज़र आया,
फिर कुत्ते ने कहा ,"मैं तुम्हारे बच्चों के
लिए,मंदिर,स्कूल,अस्पताल और सड़कें बनवाउँगा,
तुम सब के लिए हरी-हरी घास वाले चरागाह बनाऊंगा,
भेंड़ों को अब अपना भविष्य उज्जवल नज़र आया,
उस ने अपने आपको नेता घोषित करवाया,

उसने नया तो कुछ न बनवाया पुरानी जगहों का नाम
बदलवाया,
स्कूलों में भौं,भौं,भौं भाषा का करिकुलम बनवाया,
अब वह भेड़ों के बच्चों का मांस भून-भुन कर खाता है
खाता है,
अपने तोंद पर हाथ फेर कर डकार मारता है,
उनके बाल काट-काट कर अपने लिए मुलायम ,गरम कोट
और टाई बनवाता है,
अपने सब भाई बन्धुओं की ऐश करवाता है,
भेंड़ों से सब काम करवाता है,
एक दिन भेंड़ों को यह सब खेल समझ में आया,
उन सब ने मिलकर उसे मार गिराया,
फिर अपनी ही जाति का एक सफेद रंग का नेता बनाया,
वह नेता स्टेज पर आया बोला ,"भौं,भौं,भौं।
वह बोला ,"सफेद भेंड़ें काली भेंड़ों से खास और बुद्धिमान
हैं
उसने उन्हीं में से चुनकर,अपने भाई बन्धुओं को लेकर
,मन्त्री मंडल बनाया,
शेष सब पर घास चरने पर टैक्स लगाया।

76. तुम नई नारी हो

तुम अपनी ही राख से उपजी हुई चिंगारी हो
तुम अपनी कोख से जन्मी नई नारी हो
ज़रा घने जंगल में प्रवेश करके तो देखो
तुम दावानल हो , तो तुम्हीं महकती फुलवारी भी हो
तुमने ही रचा है यह सारा संसार और मायाजाल
तुम ही दुर्गा, सरस्वती, लक्ष्मी और महाकाली हो
तुम ही इंदिरा , मदर टेरेसा और लक्ष्मीबाई हो
तुम अपने सतीत्व की ही नहीं अपने अस्तित्व की भी
भरपाई हो
तुम नव भारत के निर्माण में सर्वथा सक्षम हो
तुम चिंगारी ही नहीं तुम एक संपूर्ण ज्वालामुखी भी हो
तुम अपनी ही राख से उपजी हुई चिंगारी हो
तुम अपनी ही कोख से जन्मी नई नारी हो |

77. चहकती चिड़िया

मैं अपने पीछे छोड़ आई हूँ एक चहकती चिड़िया
जो चलते-चलते फुदकती है
कहानी किस्से बना-बना कर सुनाती है
बात से बात पकड़ कर बातें बनाती है
अपनी मनमानी करती है
सब पर हुकुम चलाती है
दिन भर हंसती-मुस्कराती है
ढेरों-ढेर बातें बनाती है
सबके होंठों पर मुस्कान लाती है
अपने खिलौनों में भी अपनी जादू से जान फूंक देती है
कुछ न कुछ गुनगुनाती रहती है
कोई न कोई गीत गाती रहती है
मेरा मन पीछे भागता है
यह हवाई जहाज पता नहीं लोगों को पास लाता है
या फिर दूर कर देता है
काश किसी ने यह पहिया और पंख ही ईज़ाद न किये होते
पर यह समय का पहिया किसे छोड़ता है
वीसा, पासपोर्ट,हेल्थ इंश्योरेंस कब किसी के दिल का दर्द
जानता है
मैं अपने पीछे छोड़ आई हूँ एक फुदकती,चहचहाती चिड़िया
एक नन्ही सी बिटिया समाया ।

78. कविता और अस्पताल

अस्पताल के जनरल वार्ड में कविता खोजने की कोशिश की
वह कहीं भी नजर न आई
चारों तरफ भीड़ थी और दर्द था
बस हकीकत ही हकीकत नजर आई
क्या हकीकत पर नहीं बन सकती कोई कविता
बन सकती है पर उसमें वीभत्स
और करुण रस होगा
बस हाहाकार और चीत्कार होगा
वह तो यूँ भी आँखों के सामने रहता है
शायद थोड़ी देर को उससे भागने को मानव कला का निर्माण
करता है,
वह रस रंग में डूबी कविता रचता है
भले ही दुनियावी अर्थ में उसका कोई अर्थ न हो
कुछ देर को ही सही पीड़ा से मुक्ति तो पाता है।

79. फैशन

मैं फैशन के पीछे चलती रही

वह मेरे आगे-आगे

बस मैं गोल-गोल चक्कर लगाती रही

जब बड़ी मुश्किलों के बाद महासंग्राम कर

अपराधबोध से ग्रसित हो कर साड़ी,घूंघट छोड़

सलवार कुर्ता पहन विजय की दुन्दुभी बजाई

बस तुरन्त ही कहीं से आवाज आई 'बहन जी' लग रही हो

जब सब चूड़ीदार पहन रहे थे

मैं सलवार में ही डोल रही थी

जब मैं बड़ी मुश्किलों का सामना कर

चूड़ीदार खरीद पायी

तो सब बेनाम पायजामे में दिखाई पड़ रहे थे

गरारे और सरारे भी लौट आए थे

मेरी दादी के जमाने का लहंगा भी

सर उठाकर पूरी सज-धज से सिर उठाए खड़ा था

एक बार हिम्मत कर वह खरीद तो लायी

पर पहले दिन ही चलते-चलते

पाँव फँसा और हमने मुँह की खाई

जब-जब मैं छोटे कुर्ते लाई

अगले दिन लम्बे कुर्तों की बहार आई

जब हमने लम्बी बाहें कटवाकर छोटी करवाई

तभी लम्बी बाहों की बन आई

जब मैंने लम्बी बाहें सिलवाई

डॉ. रेखा द्विवेदी

तो पफ स्लीव्स फैशन में आई
जब मैं पफ स्लीव बनवा पाई
तब स्लीव लेस के दिन आये
जब मैं स्लीवलेस बनवा पाई
तब लोगों ने आगे की बटन पीछे करवाई
अन्त में झख मारकर
मै साड़ी और प्लेन ब्लाउज पर ही लौट आई
न जाने क्यों ??
मैं फैशन के चारों ओर गोल-गोल घूमती रही
सात फेरों की तरह वह आगे-आगे
मैं उसके पीछे -पीछे चलती रही

80. फिर मिलेंगे

मैं समुद्र के पास गई
सोंचा था, यह इतना अथाह है कि
यह अपने में, सब कुछ ले लेगा
मैंने अपने सारे ग़म,अपने सारे पाप
अपना सारा अज्ञान ,अपना सारा अतीत
अपने सारे सपने,अपनी सारी यादें
अपना भविष्य,अपना वर्तमान
अपना अहंकार,अपना भ्रम
अपना कर्तव्य,अपना अधिकार
सब कुछ इसमें विसर्जित कर दिया
पर इसने तो लहरों के साथ
सब वापस लौटा दिया
दुखी होकर मेरी आँख से
एक आंसू टपका और समुद्र मुस्करा दिया
वह बोला, "तुम मुझमें हो
मैं तुममें हूँ"
जैसे मेरे भीतर रहस्यमय ख़जाना है
वैसे ही तुम्हारे भीतर भी एक तिलस्म है
जिसे तुम्हें पाना है
तुम्हारे ये सब ख़यालात हमारी लहरों जैसे हैं
तुम्हें अपने भीतर की गहराई को है खोजना
मैं तो हर सुख-दुख में तुम्हारे पास हूँ
फिर कैसा लेना और क्या लौटाना ?

डॉ. रेखा द्विवेदी

अंततः तुम्हें एक दिन मेरे पास ही है आना
तब चाहो तो यह सब साथ में ले आना
मैं ने कहा ,"नहीं मैं साथ कुछ भी नहीं ला सकती "
समुद्र जोर से हंस कर बोला
"जब कुछ भी साथ नहीं ला सकती
तो फिर सुख-दुख क्या और चिन्ता क्या ?"
वह खिलखिला कर हँस दी
वापस अपने घर की ओर चल दी
और बोली "फिर मिलेंगे।"

81. ये औरतें

न जाने कैसे जीती हैं ये औरतें ?
रोज -रोज खाना पकाती हैं
सब दो चार नुक्स निकाल कर खाते हैं
फिर भी अगले दिन
ये नए साहस से खाना पकाने में जुट जाती हैं
नए नुक्स सुनने को तैयार हो जाती हैं
न जाने कैसे जीती हैं ये औरतें ?
घर पर शाम को शराबी पति लौटता है
उसके भी जूते-लात खाती हैं
फिर अगली सुबह तक भूल जाती हैं
उसके लिए करवा चौथ का उपवास भी करती हैं
व्यंजन भी पकाती हैं
ये औरतें न जाने कैसे जीती है ?
आए -गए, पसन्द-नापसन्द के
हर मेहमान की आवभगत करती हैं
बदले में कोई उम्मीद न रखती हैं
न जाने ये औरतें कैसे जीती हैं ?
इन्हें सब पता होता है
इनका पति बाहर क्या करके आता है ?
घर पर सफेद झूठ बोल रहा होता है
फिर भी यह सुना-अनसुना
देखा-अनदेखा करती ही रहती हैं
न जाने ये औरतें कैसे जीती हैं ?

डॉ. रेखा द्विवेदी

बेटा भी बड़ा होकर उनसे
अपने बाप सा व्यवहार करता है
फिर भी ये हिम्मत नहीं हारती
उसकी आरती उतारती रहती हैं
न जाने कैसे जीती हैं ये औरतें ?
इतना सब होने के बावजूद
ये न जाने क्यों ?
सोहर और बन्ने गाती रहती हैं
अपनी बेटियों को
पराए घर भेजने की तैयारी करती रहती हैं
न जाने कैसे जीती हैं ये औरतें ?

82. आज होली है

आज होली है
मेरे मन में है
बुआ का आंगन
जिसमें गोबर के बल्ले पाथती एक छोटी सी लड़की
वह बनाती है ऊंट, हाथी, थाली, साँप और नेवला
गुझिया बनाने में मदद करते छोटे-छोटे हाथ
लकड़ियाँ मांगते लड़के
लुका-छिपी का खेल, चांदनी रात
ठंडाई पीए खंजड़ियां हाथ में लिए
होरी गीत गाते गौरी दद्दा की मंडली
पान ,इलायची,नारियल की महक
दुश्मनी भूल गले मिलते लोग
परदेश में वह होली कहाँ ?
वह लोग कहाँ ?
अब न कोई होली जानता है
न वह बल्ले पाथती उस लड़की को
शायद वह लड़की और होली
दोनों कविता में बचे रह जाएं।

83. लोग कहते हैं

मेरी माँ मुझसे पूछती है
तुम कब तक लिव-इन रिलेशनशिप में रहोगी ?
शादी कब करोगी ?
तुम्हारी उम्र में जब मैं थी
शादी कर चुकी थी
कितनी तो गर्ल फ्रेंड्स बदल चुकी हो
न जाने कब सेटेल होगी ?
मैं दिन में तीन बार खाना पकाती थी
तुम हफ्ते में एक दिन तो खाना पका लिया करो
यह क्या तुम रोज-रोज
आनलाइन खाना मंगवाती रहती हो ?
हम ढेरों कपड़े मशीन से खुद धोते थे
तुम लॉन्ड्री में तो भिजवा दिया करो
हम तो हिन्दुस्तान के बाहर कभी अकेले न गए !!
तुम तो पूरी दुनिया घूम आती हो
हम कभी आधा शरीर खुला रखकर नहीं घूमे
तुम तो हाफ पैंट पहन कर बाजार जाती हो !!
मैंने तो अपनी शादी से ले
तुम्हारे जन्म तक के कपड़े सम्भाल कर रखे हैं
तुम तो कपड़े एक बार पहन कर ऐसे फेंकती हो
जैसे वह अखबार की रद्दी हों
मेरी माँ कहती थी
तुम्हें पराए घर जाना है

तुम ने तो पहले ही अपना घर खरीद रखा है
हम तो शाम के बाद कभी बाहर न रहे
तुम तो सुबह के चार बजे घर लौटती हो
हमने तो शराब का कभी नाम तक न लिया घर में
तुम तो जब देखो तब पीकर घर आती हो
मैं सुबह ही उठ जाती थी
तुम तो दिन को रात
और रात को दिन समझती हो
खुद को बहुत समझदार मानती हो
फिर भी लोग कहते हैं कि
औरतों की स्थिति में सुधार नहीं हुआ |

84. मैं सिर्फ जिस्म नहीं हूँ

शायद तुम्हारा अहंकार मेरे
इन्तजार में हो
मैं आऊँगी रोती हुई
दरवाजे पर तुम्हारे
तुमसे प्रेम की भीख मांगने
ताकि तुम फिर से मेरे वजूद को
एक वहशी की तरह
चकनाचूर कर सको
अपने अहं को तुष्ट कर सको
तुम्हें गलतफहमी है यह
मैं अब अपने आपको
बदल चुकी हूँ
तुम्हें अपने वजूद से बाहर फेंक चुकी हूँ
नहीं चाहिए मुझे
वह वहशी प्यार
जिसमें तुम मेरा वजूद
तार-तार कर दो
मैं सिर्फ जिस्म नहीं हूँ
आईने में अपना अक्स देखो
शायद खुद को पहचान न पाओगे
तुम एक भेंड़ की खाल ओढ़े भेड़िया हो
तुम अब जाओ अपने आप के
उस फेंके हुए हिस्से को खोजो

उस पर एक नया ताजमहल बना लो
अपने प्यार में, अपनी याद में
फिर से किसी और को पटा लो
तुम्हारे भीतर के भेड़िए को
हर पल कोई शिकार चाहिए
तब तक के लिए जब तक
वह तुम्हारा असली चेहरा पहचान न जाए
एक बार फिर तुम्हें फेंक न आए।

85. तलाश

मैं ज़िन्दगी में 'ज़िन्दगी'
यूँ तलाशती रही
जैसे कचरे के ढेर में
मोती तलाशता हो कोई
जैसे रेगिस्तान में
गुलाब का फूल खोजता हो कोई
जैसे मुर्दों के शहर में
ज़िन्दा बचा हो कोई
जैसे खारे पानी से
प्यास बुझाता हो कोई
जैसे भिखारियों की नगरी में
शहंशाह हो कोई
मैं जिंदगी में जिंदगी
यूं तलाशती रही जैसे
कचरे के ढेर में मोती तलाशता हो कोई।

86. समय बदल गया है

अब समय बदल गया है
पहले (साठ साल पहले) बच्चे अगर स्कूल न जाएं
तो मास्टर कक्षा के तगड़े बच्चों को भेजकर
बच्चे को घर से उठवा लेते थे
जैसे कोई फिरौती के लिए किसी को खुलेआम अगुआ कर
ले
बच्चा हाय -हाय करता हुआ,
किसी न किसी तरह स्कूल में पटक दिया जाता था
थोड़ी बहुत पिटाई खाता था
कुछ पढ़-लिख जाता था
अब क्या मजाल ?
कोई बच्चे की तरफ गुस्से से देख भर ले
पहले सरकारी स्कूलों में
लड़कियों की फीस दस पैसे और लड़कों की एक रुपया होती
थी
वह भी अक्सर माफ़ हो जाती थी
अब माँ-बाप बच्चों को प्राइवेट स्कूल में
भेजने के लिए यहाँ- वहाँ भटकते हैं
खुद इन्टरव्यू देते हैं
पेट और गला सब काटकर फीस भरते हैं
बच्चे की अँग्रेजी पर खुश होते हैं
हिन्दी कमजोर है
कहकर गौरवान्वित महसूस करते हैं

डॉ. रेखा द्विवेदी

फिर अमरीका को अपना बच्चा सौंप देते हैं,
बुढ़ापा अकेले काटते हैं
पहले शिक्षक पढ़े-लिखे होते थे
विद्यार्थियों के माता-पिता अशिक्षित
शिक्षक का सम्मान होता था
साथ ही अधिकार भी होता था
आज माँ -बाप शिक्षक से ज्यादा पढ़े-लिखे होते हैं
विद्यार्थी पर ध्यान देने के बजाय
आधे काम माँ -बाप को खुश करने को होते हैं
आधा होमवर्क मॉ-बाप करते हैं
अब समय बदल गया है
उसके बाद भी इंसान बेरोजगार भटकता नजर आता है
समय बदल गया है
पहले स्कूलों में नकल करते पकड़े गए बच्चे की ही नहीं
बल्कि पूरे खानदान की नाक कट जाती थी
अब तो सुना है !!
बिना पढ़े क्या बल्कि बिना स्कूल गए युवाजन डिग्री पाते हैं
फिर यही देश का भविष्य निर्धारित करते हैं
समय बदल गया है |

87. बातें करें तो क्या करें

लोग कहते हैं तुम फोन नहीं करती
अगर बातें करें, तो क्या करें ?
राजनीति पर बात करो
अपने विचार प्रगट करो
हर बात का डर सताता है
पता नहीं कौन किस पार्टी से निकल आता है ?
दलबदलू भी हैं
जिनका सबसे ज्यादा भय सताता है
आखिर बातें करें, तो क्या करें ?
साहित्य की बात करने की कोशिश करो
तो उसमें भी अब लोचा है
स्त्रीवादी ,जातिवादी
साम्यवादी,प्रयोगवादी
रहस्यवादी, छायावादी हैं
अलग-अलग गुटबाजी है
कविता तो यूँ भी बदनाम है
कि बस पागलों और निठल्लों का काम है
बातें करें तो क्या करें ?
हर दिन भाषा के शब्द बदलते हैं
अब 'जनजाति' को जनजाति नहीं
'स्थानीय' कह कर पुकारना है
अब बोलचाल की नहीं
पारिभाषिक शब्दों का ध्यान रखना है

डॉ. रेखा द्विवेदी

आखिर बातें करें

तो क्या करें ?

जाति और धर्म की तो बात ही न करो

हर एक का धर्म दूसरे से महान है

यह बात अलग है कुछ ही हैं

जिनको धर्म का सम्यक ज्ञान है

इन पर बहस तो हो सकती है

पर वार्तालाप का न कोई स्थान है

आखिर हम बातें करें, तो क्या करें ?

आप पतले को पतला, मोटे को मोटा

काले को काला, गोरे को गोरा

नहीं कह सकते

बेईमान को बेईमान, ईमानदार को ईमानदार

निकम्मे को निकम्मा

चोर को चोर नहीं कह सकते

ताजमहल को 'ताजमहल' मुगल गार्डेन को 'मुगल गार्डेन'

बोल नहीं सकते

इस गूगल के जमाने में सभी ज्ञानवान हैं

हम अधकचरा ज्ञान सह नहीं सकते

झूठ भी हम बोल नहीं सकते

आखिर हम बातें करें, तो क्या करें ?

परिवार की बातें करो तो क्या करो ?

साड़ी, गहनों और बुनाई की बातें पुरानी हो गई हैं

वह हाउस वाइफी भी नहीं रह गई हैं

अगर शादी- ब्याह के बारे में पूछ दिया तो

ये निजी सवाल हैं

सलाह देना तो

दायरे के बाहर की बात है
बॉडी शेमिंग के लिए जेल भी जा सकते हैं
अपने विचार किसी भी समय साझा कहाँ कर सकते हैं !!
दर्द की बात करो, तो कोई सुनने को तैयार नहीं
सबकी अपनी-अपनी दुखती रगें हैं
हम उन्हें छू नहीं सकते
आखिर बातें करें, तो क्या करें ?
सच हम कह नहीं सकते
झूठ हम बोल नहीं सकते
चुप हम रह नहीं सकते
आखिर हम करें तो क्या करें !!

88. सब उलट फेर हो गया है

सब कुछ उलटफेर हो गया है
पहले सामान कम,लोग ज्यादा
घर-आँगन बड़े होते थे
बाहर चौपाल और जानवरों के भी गोड़े होते थे
अब मुर्गी के दड़बों से घर और लोग कम
समय सच में बदल गया है
पहले लोग रात को सोते थे
ब्रम्ह मुहूर्त में उठते थे
अब ब्रम्ह मुहूर्त में सोते हैं
रात भर जगते हैं
कब सोते हैं ?
कब जगते हैं ?
पता नहीं
सब कुछ उलटफेर हो गया है

89. बकलावा का एक टुकड़ा

पाजाल के दिन बकलावा का महज़
एक टुकड़ा मुँह में रखते ही
जैसे पिछले बारह सौ साल
मुँह के अंदर पिघलने लगे
हम टर्की और ग्रीस की बिना टिकट ही
उड़ान भरने लगे
रूमी की कविता में सराबोर होने लगे
उन सब मित्रों से मिलने लगे
जो बकलावा की रेसपी को
अनन्त काल से अब तक जीवन्त रखने मे लगे हैं
उसकी, मिठास और खुशबू
अपने साथ देश दुनियाँ के एक कोने से
दूसरे कोने तक पहुंचाने में जुटे हैं
उन मधुमक्खियों को नमन
जो आज भी शहद बनाने में मगन हैं
उन किसानों को धन्यवाद
जो आज तक गेहूं उगाने में हैं आबाद
आटा चक्की वाले का धन्यवाद
जो गेहूं को आटे में बदलने में हैं आज़ाद
मेवा देने वाले पेड़ों और
इकट्ठा करने वालों का धन्यवाद
सूरज,बारिश और हवाओं को धन्यवाद

डॉ. रेखा द्विवेदी

आग और आग का इजाद करने वालों का धन्यवाद
शहद,मेवा और मैदा को जोड़कर
आग पर पकाकर बकलावा को इतना लज़ीज
बनाने वालों को धन्यवाद
उस एक टुकड़े में देश-दुनिया के
पिछले और अगले बारह सौ सालों को
सजोने वालों का धन्यवाद
कौन कहता है ?
हम अकेले हैं
बकलावा के एक छोटे से टुकड़े में जो सारी मानवता
सारा आकाश, सारी धरती समाई हुई है
उन सब को धन्यवाद तो दे ही सकते हैं
पाजाल के दिन बकलावा का महज़ एक टुकड़ा |

90. अजनबी

वह मिला एक पल को
न जाने क्यों ?
अपना दर्द बता गया
यूँ तो वह शख़्स अजनबी था
पर उसकी रंग और भाषा एक थी
वह पाकिस्तान से था
मैं हिन्दुस्तान से
हमारे मज़हब अलग थे
देश अलग
फिर भी वह अपना दर्द
हमें सुना गया
अकेला वह भी था
अकेली थी मैं भी
वह इतने दर्द में था
और परदेश में था
शायद पेड़ों को भी
अपना दर्द सुनाया होगा
कोई जवाब न पा उसे
कोई और नज़र न आया होगा
एक अजनबी दूसरे अजनबी को
अपना दर्द सुना गया
वह बोला "मेरी पत्नी कैंसर से मर गई, मैं बच्चों के लिए
जिन्दा हूँ,"

डॉ. रेखा द्विवेदी

इतना कह कर वह मुड़ा
और धुँआधार बारिश में चला गया
अपना छाता वहीं छोड़ गया
वह मेरे दर्द में अपना दर्द भी मिला गया
वह एक पल को मिला
और न जाने क्यूँ अपना दर्द दे गया |

91. अपना जहां

अपने दिए खुद ही जलाएंगे हम
खुद ही तेल देंगें
और रोशनी फैलाएंगे हम
अपने रास्तों के कांटे खुद ही चुनेंगे
धूल साफ करके
इन्हें फूलों से सजाएंगें हम
अपनी ज़मी और अपना आसमां
खुद ही तलाशेंगे
अपना गुलिस्तां भी
खुद ही सजाएंगे हम
इस जहाँ में गर आए हैं
तो बेवफाई से मर तो न जाएंगे
अब खुद ही खुद का राज़दां
बन के दिखाएंगें हम
अंधेरों से लड़-लड़ के
बहुत भटकें हैं हम
अब चांदनी बन के खुद ही
बिखर जाएंगें हम
किस्मत के नाम पर रोने से
हासिल होगा न कुछ
लड़-लड़ के अपने हिस्से की
ज़मीं और आसमां पाएंगे हम

92. कोई तो मुझे याद करे

मुझे अच्छा लगता है

कोई तो मुझे बेबात याद करे

मुझसे मिलने की फरियाद करे

रोज-रोज मेरा इंतज़ार करे

गर मैं रोऊँ, तो वह भी उदास दिखे

कोई तो मुझे याद करे

जब मैं बीमार होऊँ तो

माथा टेक कर मेरे लिए अरदास करे

या एक ताबीज़ लाकर बांध दे

किसी पंडित का मंतर

किसी फकीर का पढ़ा पानी ही पिला दे

किसी दरगाह में चादर ही चढ़ा दे

कलीसिया में प्रार्थना ही कर दे

कोई तो मुझे याद करे

जब मैं हसूँ वह भी खिलखिला कर

मेरे साथ इतनी जोर से हँसे

कि हँसते-हँसते उसकी आँखों में आँसू आ जाएं

कोई तो मुझे याद करे

मेरे साथ मिलकर वह

सपनों के महल बनाए

झूठे ही सही कुछ तो वादे करे

सामने चाय का कप हो

और ढेर सारी बातें करे
कोई तो मुझे बेबात याद करे।

93. धरा

एक दिन हम चल देंगे
सब इस 'धरा' का यहीं
धरा रह जाएगा
ज़माना फिर भी हर ज़माने में
यूँ ही मुस्कुराएगा
सब जानते हैं यह पर
जानकर अनजान बनते हैं
शायद इसी तरह जीने का कुछ
इंतज़ाम करते हैं
ये सुबहें ,ये शामें ,ये बादल
सब यूँ ही आएंगे और जाएंगे
लोग यूँ ही मोहब्बतें निभाएंगे
ये सामान,ये असबाब जो इतना बटोरा है
ये सब यहीं का यहीं रह जाएगा
क्या लगता है ?
मौत का साया यहाँ तक न पहुँच पाएगा ?
राजा और रंक में
फर्क है सिर्फ इतना
एक खा-खा के मरेगा
दूसरा खाली पेट मारा जाएगा
चंद लोग मय्यत पर आएंगे
फिर जल्दी जाने का
बहाना खोजा जाएगा

वहाँ ये रुतबा
ये शोहरत काम न आएगा
एक दिन हम चले जाएंगे
सब इस 'धरा' का यहीं
धरा रह जाएगा |

94. पार्क

मैं पार्क में बैठकर
सूरज की गुनगुनी धूप
अपने रोम-रोम में भर लेती हूँ
समेट लेती हूँ
नीलगिरी की खुशबुओं से सुगन्धित शुद्ध हवा
चिड़ियों की चहचहाहट
वेदों के मन्त्रों सी गूंजती है
हमारी आत्मा में
मैं उन सब में मिलकर एक हो जाती हूँ
मैं थोड़ा सी अबोरिजिनल बन जाती हूँ
थोड़ा सा हिन्दुस्तान छोड़ आती हूँ ।

95. अभिमन्यु तो मरते रहे

मैं उन सब कवियों और लेखकों से
प्रश्न करना चाहती हूँ
उन्हें कटघरे में खड़ा करना चाहती हूँ
जिनके लिखे शब्दों को हम सत्य मानते रहे
बिना कोई प्रश्न उठाए
उनका अक्षरशः पालन करते रहे
जो होना चाहिए और जो हो रहा है
के बीच पीसते रहे
छपे शब्दों के जाल पर विश्वास कर
अपना सिर धुनते रहे
जो राहें दिखलाई थीं
उन पर चल कर
हम गोल-गोल घूमते रहे
न कोई मंजिल थी
न कोई दीप
हम राहों में भटकते रहे
हर किसी को कृष्ण बनने का शौक है
पर अभिमन्यु तो मरते रहे
क्रान्ति लाना ही अगर ज़रूरत थी
तो खुद ही क्यों ना मैदान में उतरते रहे ?

96. गोवा बीच

मर्जी का मालिक
समुद्र का किनारा एक है
पर हर एक के लिए
उसका अलग-अलग अर्थ है,
कोई वहाँ हनीमून मनाता है
तो कोई मछलियाँ पकड़ने का जाल बुनता है,
चिड़ियाँ वहाँ अठखेलियां करती अपना भोजन जुटाती हैं
मछलियाँ अपनी जान बचाती नज़र आती हैं,
कोई सन बाथ लेता है
तो कोई तेल मालिश करता है
कोई बैठकर रेत में घर बनाता है
तो कोई नारियल पानी बेचता है
कोई उसे देवता मान पूजता है
तो कोई कूड़ा-करकट फेंकता है,
कोई सर्फिंग करता है
तो कोई किनारे बैठ सिर्फ उसे निहारता है,
कोई औरत सिर पर गठरी लिए
कपड़े बेच रही होती है
कोई बिकनी में धूप सेंक रही होती है,
कोई वहाँ धूप में अपना रंग थोड़ा काला कर रहा होता है
तो कोई छाता लगाए अपना गोरा रंग बचा रहा होता है,
कोई बुर्के में दूर से समुद्र निहार रहा होता है
तो कोई बिकनी में मज़े ले रहा होता है,

कुछ कुत्ते यहाँ-वहां खाने की तलाश में घूम रहे होते हैं
तो कुछ मालिक की गोद में खाने के नखरे दिखा रहे होते
है,
कोई रेस्त्रा खोलकर कमा रहा होता है
तो कोई खाकर उड़ा रहा होता है,
कहीं कोई बच्चा सीपी बटोर रहा होता है
तो कोई बच्चा चने बेच रहा होता है,
समुद्र को इन सबसे कोई वास्ता नहीं
वह मस्त लहराता है, कोई आए या जाए
उसे कोई फर्क नहीं पड़ता
वह अपनी मर्जी का मालिक है।

97. मध्यम वर्ग

सरकारें भी बड़ी अजीब हैं
अच्छे मेहनतकश और ईमानदार लोगों पर कर लगाती है
गुंडों, बेईमानों को कर्ज दिलाती है
फिर उसे माफ करवाती है
निखट्टू,कामचोर और निठल्लों को
मुफ्त में अनाज बंटवाती है
उनके लिए बिजली ,पानी सब मुफ्त में दिलवाती है
बुजुर्गों को तीर्थयात्रा भी करवाती है
जिनके पास खेत हैं
पैसा उनके खाते में पहुँच रहा है
किसान मजदूर का क्या ?
वह जी तोड़ मेहनत कर रहा है
रईसों और चोरों को कोई फर्क नहीं पड़ता
गरीब तो गरीब है हर जिम्मेवारी से मुक्त है
दो पाटों के बीच में पिसते हुए
मध्यम वर्ग का कोई माँ-बाप नहीं है
इस अनाथ पर कोई नजर डाले !!
ऐसा कोई बाप नहीं है
इसे तो साफ सुथरे वस्त्र भी धारण करने हैं
नाते-रिश्ते भी निभाने हैं
बेटे-बेटी को प्राइवेट स्कूल में पढ़ाना है
माँ -बाप का इलाज भी करवाना है
किसी के आगे हाथ भी न फैलाना है

सरकारें भी बड़ी अजीब हैं
अच्छे मेहनतकश और ईमानदार लोगों पर कर लगाती है
गुंडों, बेईमानों को कर्ज दिलाती है
फिर उसे माफ करवाती है ।

98. सन्नाटा

यहाँ सन्नाटा बातें करता है सन्नाटे से
हर साँझ ढले खामोशी मिलने आती है खामोशी से
दिल की धड़कन, खुद की सांसे भी सुन पड़ती हैं खामोशी से
अपने ही पैरों की आहट भी आती है खामोशी से
सपने भी आते हैं खामोशी से
यादें भी ठिठकी रहती हैं दरवाजे पर खामोशी से
पेड़ों-पौधों से बातें करते हैं पक्षी खामोशी से
हर शाम ढले खामोशी मिलने आती है खामोशी से
हर शाम ढले सन्नाटा बातें करता है सन्नाटे से |

99. खामोशी

अब कौन सुनता है खामोशी का सबब इस दुनिया में
चारों तरफ शोर ही शोर है
यहाँ किसी को कुछ भी सुनाई नहीं पड़ता
सब को अपनी-अपनी पड़ी है
आगे निकलने की होड़ में
यहाँ किसी को राह का पत्थर भी दिखाई नहीं पड़ता है
रफ्तार बहुत तेज है बस एक ठोकर में
बिखर के चकनाचूर होंगे यह भी दिखाई नहीं पड़ता
बस जरा सा ठहर जाओ, रहगुज़र सांस ले लो
एक बार अगर ये गई
तो फिर इस दुनिया में कोई किसी को बुला नहीं सकता |

100. कौन कहता है?

कौन कहता है कि
इश्क में खुशी होती है ?
जिन्दगी तो रोटी की महक से रवां होती है
नल से बहता पानी जहां
शास्त्रीय संगीत सा सुनाई देता है
वहीं दाल में तड़के की खुशबू
परफ्यूम से ज्यादा ज़वा होती है
जिन्दगी तो जिन्दगी है
सुबह की चाय की खुशबू
तन-मन को सुकूं देती है
जिन्दगी चाय के कप से शुरू होकर
चाय के कप पे खत्म होती है
कौन कहता है जिन्दगी इश्क से रवां होती है ?

101. क्रूर मज़ाक

यह कैसा अजब क्रूर मजाक किया है ईश्वर ने
औरत के माँ बनने में
बच्चे को याददाश्त ही नहीं दी है
उस सारी यात्रा से गुजरने में
जब वह बच्चे को नौ माह तक अपने भीतर रखती है
जब वह बच्चे को भयंकर पीड़ा में जनती है
अपना जीवन खुद हरती है
दिन रात एक कर देती है उसे जिलाने में
खुद जागती है उसे सुलाने में
खुद भूखी रह जाती है उसे खिलाने में
खुद गीले बिस्तर पर सोती है उसको सूखा रखने में
तब वह कैसे चिपटा रहता है हर पल माँ के सीने में
ईश्वर ने बच्चे को नहीं दी है याददाश्त यह सब होने में
माँ का किया धरा सब मिल जाता है मिट्टी में
जब वह कहता है, मैं सेल्फ मेड हूँ तुमने किया ही क्या है
मेरे होने में ?
जब वह अपना जन्मदिन मनाता है दोस्तों में
झल्लाकर माँ का फोन उठाता है कोने में
माँ हक्की-बक्की अपराधिनी सी खड़ी रह जाती है सदमे में
सीने में उठते हूल को दबाती
सोचती है कहाँ गल्ती हो गई पालने में ?
बेटी को शायद आभास होता है खुद माँ बनने पर
पर बेटों को तो सब मिलता है फोकट में

डॉ. रेखा द्विवेदी

यह कैसा क्रूर मजाक किया है
ईश्वर ने औरत के माँ होने में ?
बच्चे को याददाश्त ही नहीं दी है माँ के हाथों पलने में।

102. नंगे पाँव

लोग नंगे पाँव मन्दिर जाते हैं
मांगते क्या है ?
वही जो उनकी उस समय की आवश्यकता होती है
पाँच साल की बेटी के लिए स्कूल में एडमिशन
जवान बेटे के लिए नौकरी
जो देर सवेरे हो ही जाती है
बहन की शादी
सौत से छुटकारा ,बूढ़े बाबा की मौत
बेटा हो पर बेटी न हो
और वह बाबा का प्रसाद चढ़ा आते हैं
गाहे बगाहे माथा टेक आते हैं
इसी बहाने कन्याओं, गरीबों को कुछ खिला-पिला आते हैं
अब कोई दो साल की बेटी के लिए वर
जवान बेटे के लिए स्कूल में एडमिशन तो माँगता नहीं
एक किसान कम्प्यूटर और इंजीनियर भैंस तो मांगेगा नहीं
उसे भी तो ईश्वर का ख्याल रखना होता है
डरता हैं कि कहीं ईश्वर झूठा न पड़ जाए
उसके विश्वास को ही कहीं ठेस न लग जाए
वह वहीं मांग पाता है जो उसकी कल्पना की पहुँच होती है
उसकी उसे पूरा करने की उसकी थोड़ी सी औकात भी होती है
उसमें स्वंय दर सबेर पाने की क्षमता होती है
लोग नंगे पाँव मन्दिर जाते हैं

डॉ. रेखा द्विवेदी

ईश्वर पर फूल पत्र चढ़ाकर न जाने क्या-क्या मांग आते हैं
बदले में |

103. मेरे दर्द रह गए हैं

हर शब्द चुना है मैंने
मोती की तरह
फिर भी मेरे हिस्से में
जग-हँसाई ही आई है
राह चलते मेरे पांवों में छाले जो पड़े
उनको ढकने को हमने मेहंदी लगवाई है
कभी अगर धोखे से मेरे अश्क बह चले
उन्हें ढकने को हमनें बारिशें करवाई हैं
आग से आग तो अब बुझती ही नहीं
उसे बुझाने को मैंने फायर ब्रिगेड मँगवाई है।

104. चिंगारी

मैं उस पहली औरत से मिलना चाहती हूँ

जिसने यह स्वीकार कर लिया था

कि वह दोयम दर्जे की है

वह कितनी ताकतवर रही होगी

कि सदियों तक उसके

करोड़ों अनुयायी तैयार होते रहे

बिना उसका नाम-पता जाने

यह भी शायद एक नया धर्म बन गया "स्त्री धर्म"

हो सकता है उसका नाम स्त्री रहा हो

उसके अनुयायी ऐसा युद्ध लड़ते रहे

जिसका कोई न नाम है, न इतिहास

वह निहत्थे थे

उनके हाथ काटकर पैरों में बेड़ियाँ डाल दी गयीं

और झोंक दिया गया दड़बों में मुर्गियों की तरह

ऐसे घरों में

जिनमें एक दरवाजा तो होता था

भीतर जाने के लिए

पर भीतर जाते ही वो हमेशा के लिए बंद हो जाता था

उनमें कोई खिड़की या झरोखे भी न होते थे

अपने भीतर की बुझी हुई आग की तरह

गीली लकड़ियों का चूल्हा फूंकती और रोटियाँ सेंकती , आंसू पोंछती

जो पता नहीं उन्हें जिंदगी ने दिए थे या फिर धुंए ने

क्या उन्हें नहीं पता था ?
कि उस पिंजड़े के बाहर भी एक दुनिया है
जहाँ फूल खिलते हैं
सुबह होती है , सांझ होती है
कभी बादल तो कभी खिली- खिली धूप होती है
अलग-अलग जगहों पर अलग-अलग मौसम होते हैं
कहीं पहाड़ कहीं समुद्र तो कहीं नदियाँ होती हैं
एक ही समय पर इस दुनिया में
कहीं दिन तो कहीं रात होती है
अलग-अलग संस्कृति, भाषा और बोली होती है
वे न जाने किस मिट्टी की बनी होती थीं
जिस मिट्टी में जनम लेती
उसी में मिट जाती थीं
शायद !!! वह जो पहली स्त्री मिट्टी में दफ़न थी
उसमें कोई चिंगारी शेष रह गयी
जो धीरे - धीरे ज्वालामुखी बन गयी |

105. शब्दों का दरख्त

मेरे भीतर एक कोई पेड़ है

जिस पर ढेरों- ढेर शब्द लटकते हैं

पतझड़ के पत्तों की तरह

बस हवा चलते ही झरने को तैयार

झरते ही लगता है

कि यह बस अब पतझड़ ठहर जाएगा

फिर कोई नया शब्द कविता बनकर न उग पाएगा

यूँ ही ठूंठ रह जाएगा शब्दों का दरख्त

पर मौसम बदलते ही गर्माहट पाते ही

फिर नए -नए शब्द उग आते हैं कोपल की तरह

अर्थ पा लेते हैं किसी कविता की तरह

मुझे सचमुच लगता है

मेरे भीतर शब्दों का एक दरख्त है

जिस पर शब्द खिलते हैं फूलों की तरह

गुच्छे बन के लटकते हैं कविता की तरह।

106. पार्थ न आएंगें

गान्धारी गान्डीव उठा लो
अब कोई पार्थ न आएंगे,
अपनी आँखों की पट्टी खोलो
रण की नहीं शान्ति की दुन्दुभी बजाओ ,
प्रेम नहीं कर्तव्य निभाओ,
नेतन्याहू,हमास,पुतिन,बाइडेन,
सीमा पर मरता हर पुत्र
तुम्हारा जाया है,
इन्हें जन्म से धर्म का नहीं
शान्ति का पाठ पढ़ाओ,
इनके हॉथों में बन्दूकें नहीं
सफेद गुलाब पकड़ाओ ।
गान्धारी गान्डीव उठा लो
अब कोई पार्थ नहीं आएंगे ।

107. इन्तजार

तुम पहाड़ी बादलों की तरह
सड़कों पर उतर आते हो
मैं जब चाहूँ उनके बीच से गुजर सकती हूँ,
महसूस कर सकती हूँ तुम्हारा अस्तित्व,
तुम्हारी भीनी-भीनी खुशबू,
तुम फिर बिना पंख उड़ जाते हो अपनी ऊंचाइयों पर,
मैं हाथ बढ़ाकर तुम्हें छू नहीं सकती,
बस मौसम के बदलने का इन्तजार करती हूँ?

108. अपना जहां

अपने दिए खुद ही जलाएंगे हम

खुद ही तेल देंगें और रोशनी फैलाएंगें हम,

अपने रास्तों के कांटे खुद ही चुनेंगे

धूल साफ करके इन्हे फूलों से सजाएंगें हम,

अपनी ज़मी और अपना आसमां,

खुद ही तलाशेंगे

अपना गुलिस्तां भी खुद ही सजाएंगे हम,

इस जहाँ में गर आए हैं

तो बेवफाई से मर तो न जाएंगे

अब खुद ही खुद का राज़दां बन के दिखाएंगें हम,

अंधेरों से लड़-लड़ के बहुत भटकें हैं हम,

अब चांदनी बन के खुद ही बिखर जाएंगें हम।

किस्मत के नाम पर रोने से हासिल होगा न कुछ

लड़-लड़ के अपने हिस्से की ज़मीं और आसमां पाएंगे हम।

109. उस समय के नाम

उस समय के नाम
जो सभी में समाया रहता है,
कभी हौले -हौले गुजरता है
कभी तेजी से भागता है
तो कभी ठहरा सा लगता है।

परावर्तन

रघु गॉडवर

"ये भी गुज़र जाएगा" में संग्रहित कविताएं आज के समय में मानवता और मानव अस्तित्व की खोज का सूक्ष्म वर्णन हैं
~ गॉडवर
लेखक, कवि, वैज्ञानिक, यायावर

प्रतिक्रिया

डा. शुभदा पांडेय

रेखा जी की रचनाएं प्रकृति में पुरूष तत्व की खोज करती आंखें हैं।यह विभेद नहीं समवेद की अवस्था है, इनको स्वयं में खुश रहना आता है,कभी वो धागा बन कर - किसी बुनावट को इजाद करती हैं और कभी जलकुंभी बीच कमल.

परिवर्तन पर भी दृष्टि तटस्थ रहती है, इनकी स्याही को अपने मिज़ाज में जीना आता है।

प्रकृति को आत्मसात करना ही इनका लेखन है।

डा. शुभदा पांडेय
वरिष्ठ साहित्यकार व शिक्षाविद्

साधुवाद

अजन्ता शर्मा

प्रस्तुत संग्रह जीवन की संचेतना में व्याप्त यथार्थ और यंत्रणा का एक सृजनात्मक मालंच है जिसे कवियित्री ने मुखर अभिव्यक्ति दी है। नारीवाद, मुक्तिवाद, जनवाद के साथ साथ मानवीय अंतर्विरोध, प्रतिवाद सह चैतन्य का समावेश इस कृति को पाठक के लिए समकालीन काव्य की गुनगुनी आंच सार्थक एवं निर्णायक भाव से प्रेषित करता है. इस मौलिक संवेदनात्मक सत्यनिष्ठ उन्मुक्त संकलन के लिए रेखा द्विवेदी जी को साधुवाद।

अजन्ता शर्मा

एसोसिएट डायरेक्टर (आईबीएम)

लेखिका, चित्रकार, गायिका, कवियत्री, शोधकार्यकर्ता

प्रतिनन्दन

Dr. Alaka Hejib Agera

Rekha Dwivedi has evolved a great deal as a Hindi poet. This particular book contains the essence of her poetic intuition. जो न देखे रवि सो देखे कवि. Yes, she has an uncanny perception of seeing the truth in simple as well as complex situations. As is well-known in a Marathi saying she "finds a grand truth in a simple thing or event". She also has extraordinary empathy for the suffering souls. Her poems betray her saintly mindset but she would admit that she is a poet, not a saint, though it could be said that the seed of saintliness may be seen in her compositions. Her language has its own charm with the diction, which is a mixture of indigenous vocabulary as well as Urdu words of both Arabic and Persian origin.

I wish her all the best for her journey as a sensitive poet.

Dr. Alaka Hejib Agera

Former Professor of Sanskrit and Comparative Religion

McGill University

Montreal, Quebec, Canada.

अभिनंदन

Ravidesh Pandey

Rekha's poems are a collection of short stories, character sketches, and life insights. Each story unveils a hidden facet of life, seen through her humane gaze. Each poem is a window into the complexities of human strife, told simply.

Ravidesh Pandey

Film Producer, Writer, Teacher

शुभकामनायें

चरणजीत सिंह कुकरेजा

मुझे यह जानकर बेहद खुशी हुई कि आपका कविता संग्रह अंततः प्रकाशित होने के लिए तैयार है । मुझे विश्वास है कि आपकी कविताएँ पाठकों के दिलों को छू लेंगी, उनकी अंतर्आत्मा को तृप्त करेंगी और जीवन में अनायास ही आने वाले पतझड़ों में भी बहार आने तक धीरज धरने के लिए प्रेरित करेंगी।

अपने दिए हम खुद ही जलाएंगे...अपनी राहों के कंटको को खुद ही हटाएंगे...। आपकी कविता की यह पंक्तियां हर व्यक्ति के मन की हताशा को दूर करते हुए उन्हें उत्साहित कदमों से आगे बढ़ने के लिए प्रेरित करती है। यकीनन आपकी कविताएं साहित्य जगत में एक मुकाम हासिल करेंगी।

हम नई दिशा नई सोच नए आयाम हासिल करने वाले इस विशिष्ट काव्य संग्रह के प्रकाशित होने पर आपको हार्दिक शुभकामनाएं प्रेषित करते हैं।

चरणजीत सिंह कुकरेजा
लेखक, समाज सेवक

बधाई

डॉ. रंजीता बसरा

डा. रेखा द्विवेदी, आपको आपके कविता संग्रह "ये भी गुज़र जाएगा" के लोकार्पण पर हार्दिक शुभकामनाएँ ।

मुझे याद है कि कैसे आपने इन कविताओं को लिखने के दौरान अपनी जुनून और समर्पण को साझा किया था। आपका यह जुनून अब इस सुंदर संग्रह के रूप में फलित हुआ है। मैं आपकी इस उपलब्धि पर अत्यंत गौरवान्वित महसूस कर रही हूं। यह महज़ एक पुस्तक का लोकार्पण नहीं है, बल्कि एक जादुई आवाज़ का उदय है, जो हमें सपनों की ओर ले जाने की ताकत रखती है। आपने राह दिखाई है, शब्दों के ज़रिए दुनिया को बदलने का रास्ता बताया है। इसके लिए मैं आपका हृदय से अभिनंदन करती

हूँ।

आपके शब्दों का जादू, भावनाओं की गहराई और विचारों की सूक्ष्मता हमेशा से ही मुझे मंत्रमुग्ध कर देती है। मुझे पूरा विश्वास है कि यह पुस्तक पाठकों के दिलों को छू लेगी और उन्हें आपकी कविता की दुनिया में डुबो देगी।

मुझे उम्मीद है कि आपके कविता लेखन का यह सफर और आगे बढ़ता रहेगा और आप हमें अपनी शब्दों की सुगंध से महकाती रहेंगी । मैं इस पुस्तक की अपार सफलता की कामना करती हूं।

एक बार फिर से, बधाई हो!

डॉ. रंजीता बसरा

निदेशक ग्लोबल ऑपरेशंस, लेखिका, चित्रकार, कवयित्री

लेखिका परिचय

डा. रेखा दि्ववेदी

नाम - डा. रेखा दि्ववेदी

जन्म -अटवा अली मर्दन पुर ,हरदोई ,उत्तर प्रदेश

पी.एच.डी. -जैनेन्द्र के साहित्य में नारी पात्र प्रकाशित, गोहाटी विश्व विश्वविद्यालय, आसाम

प्रवास - आई.आई.टी.कानपुर, शिलांग (मेघालय), ईटानगर (अरुणांचल प्रदेश), हरदोई, दिल्ली-गुड़गॉव-नोइडा,

गीजन (जर्मनी) , बेथेस्डा-मेरीलैंड (अमेरिका) , लंदन (यू.के.),

सिडनी (आस्ट्रेलिया)

भाषा ज्ञान - अवधी, हिन्दी, संस्कृत, इंग्लिश और जर्मन

लेक्चरर - राजीव गांधी यूनिवर्सिटी, ईटानगर (अरुणांचल प्रदेश)

डायरेक्टर - नेशनल फाउण्डेशन फार कम्यूनल हार्मोनी,नई दिल्ली

शिक्षण कार्य - पाइनमाउन्ट स्कूल शिलांग (मेघालय) , सेन्ट एडमंड्स: शिलांग (मेघालय)

शिलांग रेडियो कार्य क्रमों में सहभागिता

पुस्तकें प्रकाशित - साम्प्रदायिक सद्भाव से सम्बन्धित बीस पुस्तकें ,

"जागती आँखों के" सपने , "हिरण्यगर्भा", एवं " ये अजीब औरतें" कविता संग्रह।

"ये खबरें नहीं छपती" एवं "कल्पित कथाएं " कहानी संग्रह प्रकाशित ।

समय-समय पर विभिन्न पत्र पत्रिकाओं में कहानियां,कविताएं एवं लेख प्रकाशित।

शौक - देश विदेश की यात्राएं,पठन-पाठन,लेखन,बागवानी,खिलौने बनाकर बांटना, बुनाई, लोगों से दोस्ती करनाऔर हमेशा नया सीखने की चाह रखना।

देशाटन - नेपाल, श्री लंका, हंगरी, फ्रांस, इटली, स्विट्जरलैंड, हालैंड, आस्ट्रेलिया, अमेरिका, जर्मनी, इंगलैंड, भूटान एवं भारतवर्ष।

मुख्य प्रकाशन

और भी क

मुख्य प्रकाशन

मुख्य प्रकाशन

उपलब्धता तथा प्रतिपुष्टि

इस पुस्तक का पेपरबैक संस्करण Amazon, Flipkart और Notion Press पर खरीदने के लिए उपलब्ध है:

Amazon -

https://www.amazon.in/

https://www.amazon.com/

https://www.amazon.com/

Flipcart -

https://www.flipkart.co.uk/

Notion Press -

https://notionpress.com/

Amazon Kindle - https://www.amazon.in/dp/B0CRVYR7YP

कृपया अपनी प्रतिक्रिया/पुस्तक समीक्षा, टिप्पणियाँ और स्टार रेटिंग दें।

आप हमें rekhadwivedi@hotmail.com पर ईमेल भी कर सकते हैं।

आपका बहुत धन्यवाद।

डा. रेखा द्विवेदी